电梯销售培训教材

围棋谋略
与电梯销售技巧
WEIQI MOULUE YU DIANTI XIAOSHOU JIQIAO

梁风/著

苏州大学出版社
SOOCHOW UNIVERSITY PRESS

图书在版编目(CIP)数据

围棋谋略与电梯销售技巧 / 梁风著. —苏州：苏州大学出版社,2012.9(2021.7 重印)
电梯销售培训教材
ISBN 978-7-5672-0220-7

Ⅰ.①围… Ⅱ.①梁… Ⅲ.①围棋－谋略－应用－电梯－销售－教材 Ⅳ.①F765

中国版本图书馆 CIP 数据核字(2012)第 181297 号

围棋谋略与电梯销售技巧

梁 风 著

责任编辑 薛华强

苏州大学出版社出版发行
(地址：苏州市十梓街 1 号 邮编：215006)
广东虎彩云印刷有限公司印装
(地址：东莞市虎门镇北栅陈村工业区 邮编：523898)

开本 850 mm×1 168 mm 1/32 印张 7.25 字数 180 千
2012 年 9 月第 1 版 2021 年 7 月第 6 次印刷
ISBN 978-7-5672-0220-7 定价：32.00 元

苏州大学版图书若有印装错误,本社负责调换
苏州大学出版社营销部 电话：0512—67481020
苏州大学出版社网址 http://www.sudapress.com

作 者

梁风,1953年出生,安徽芜湖市人,1970年起在国企工作,曾任一线熔炼工、劳资干部、秘书、办公室主任、厂长助理等职。1979年带职就读于安徽师范大学中文系,1984年本科毕业。其间曾被借调《芜湖日报》任编辑记者一年,曾获安徽省好新闻一等奖。1992年起进入电梯行业,先后在民营、集体、股份制和世界500强知名电梯企业担任销售管理和培训讲师,为全国多家电梯企业和代理机构做过销售培训。现任杭州西奥电梯有限公司营销总监。

作者微博:新浪微博晓风老师。

给香港理工大学博士考察团队讲课获赠纪念奖牌

序言

梁风老师是个有理想有文化有激情有奉献精神的人,看了文稿我居然读出了"责任"两个字,他竭尽全力在渴望读者能从书中多了解些围棋与营销知识,多汲取些他用20年心血和智慧打造出的心得。在今天有这么纯真思维方式的人不多。

中国大陆在装电梯近两百多万台,未来10年内还将翻上一番。电梯业内人员达七八十万,其中从事电梯销售和销售管理支持的有十几万人。我国电梯行业已走过改革开放后快速发展的30年,已成为世界最大的电梯生产制造基地和电梯输出国。这确实是个辉煌的时代。而古今中外的辉煌无不具有许许多多的文化积淀。30年来随着行业发展,新思想新工艺新材料新产品不断涌现,一些有着现实价值或兼有历史价值的书籍和论文也时有推出。《中国电梯杂志》已正式出版了300多期、共3 000多万字,但相对于30年的辉煌发展来说,总让人感到还不够多、不够好。特别是经历了2002年至今的"大销售"时代,所能看到的有关销售方面的研究与论述真的太少。相信梁风老师著作的问世，一定会鼓励更多的电梯人把自己从业多年的宝贵经验总结起来写出来存下来，共同推动行业文化的进步，以奠定走向新辉煌的基础。

虽然我只知道一点围棋和一点营销，却全身心地喜爱它们。因为两者从专业上讲博大精深，从游戏上说奥妙无穷，其弹性空间无法测量。世界上许多东西接触长了走深了都会有腻的感觉，而围棋和营销给予你的是时换时新上不着天下不着地，一招或一个眼神足以翻天覆地，逼着你一而再再而三地去求索，赢了成功了反而觉得自己的弱小。梁风老师用围棋理论与实践去解说营销中的人和事，既是创新也是贴切的。围棋中的搏杀、围地、互为生存、忍让、韧、思维方式、心理、计算、价值变换、时机、原则、放弃、得而失、失而得、小聪明与大智慧、战略与战术、平衡……梁风老师在书中都做了深刻的阐述，并结合营销实例进行了讲解。书中蕴含着的一些哲学思想与思辨也很值得品味。哲学思考是很痛苦的，但哲学不仅打开了世界，更重要的是启迪了自己。它会解开你心中的谜团，会使你达观睿智，会让你快乐地活在有时甚至不堪忍受的过程里去平心静气地等待已经不那么重要的结果。梁风老师写了一本值得放在身边反复琢磨感悟的书。

国强民富社会进步，使得人们的需求已开始不仅讲质讲量，也讲究"不一样"了。个性化电梯和个性化电梯工程的增加及营销策划上创意的增加将成为行业企业发展的新亮点，作为企业和社会之间桥梁的营销也将进入个性化营销的阶段。围棋的最大魅力是变化，几千年的棋谱没有相同的局，而对局者的每一步棋都会影响棋局，这和营销尤其是个性营销极为相似。一个有一定棋力的棋手一定有一些学来的理论和自己实践的体会，而一旦坐在纹枰前就会忘掉这些理论和体会，去根据对手棋局变化而变化，而他的每一步不仅诉说了自己的心理、展现了自己的境界，也一定凝结了自己的理论和体会。梁风老师的著作讲的是围棋与电梯销售技巧，距离我们很近，实战意义也更大。如果活学活用融会贯通举一反三，你一定会成为营销乃至个性营销的高手。

感谢梁风老师，希望这本书能启发成就更多的电梯营销人，从而进一步推动行业发展和城市现代化进程。

李增建
《中国电梯杂志》主编

前言

从事电梯销售近二十年,先后在代理销售公司、乡镇民营电梯企业、世界500强外资控股电梯企业的销售部门或一线管理岗位工作。曾经在安徽、上海、浙江、湖南、山西、重庆、广西等地的市场打拼,谈不上有轰轰烈烈的业绩,却也曾累积经历了上亿元订单!每每回忆做过的工作,感到欣慰的成分居多,另外,在市场上摸爬滚打为所在企业创造价值的同时,自己也积累了很多的经验和心得。如何将这些经验与心得较为概括和系统地呈现出来呢?于是就想到了围棋。笔者是个围棋业余爱好者,深知围棋的玄妙,认为用围棋的有关理论来阐述电梯销售的技巧是十分贴切的。当然,读者无论会下围棋与否,相信都能读懂并从中有所收获。

围棋是中国的国粹,博大精深,笔者并不奢望通过本书把电梯销售技巧上升到高深莫测的围棋谋略,而是让读者在电梯营销的实战中遇到具体问题时能够稍加联想,以便悟出道理并想出有效对策。如果通过作者的剖析能使电梯营销人员的销售技巧更加系统化和专业化,并在实践中能够信手拈来、举一反三地加以应用,作者就深感满足了。

作　者

2012.7

目 录

概 论

围棋与营销的逻辑 …………………………………… 3
围棋与价值营销 ……………………………………… 7
从围棋的战术板块看电梯销售的渠道建设 ………… 13

布 局 篇

"落子"前的思考
　　——了解市场的技巧 …………………………… 27
选择"定式"的思维
　　——搜集信息的技巧 …………………………… 29
对局开盘的步调
　　——分析处理信息的技巧 ……………………… 31

开局的形势判断
　　——项目分析的技巧 ·············· 32
蓄势待发的功力基础
　　——掌握卖点的技巧 ·············· 34
知己知彼的"行棋"原则
　　——"吃"透买点的技巧 ············ 36

中　盘　篇

中盘战斗的核心操作
　　——标书制作的技巧 ·············· 41
决定棋局输赢的胜负手
　　——投标报价的技巧 ·············· 46
综合能量在"行棋"中发力
　　——资源整合的技巧 ·············· 50
"棋手"的为人之道
　　——面对客户的技巧 ·············· 53
功夫在棋局之外
　　——建立和维护客户关系的技巧 ········ 59

官　子　篇

"收官阶段"的关键环节
　　——合同评审的关注点 ············· 65

极易翻盘的"官子"
　　——用户付款的关注点 ················· 67
必须精确计算的"官子"
　　——排产发货的关注点 ················· 69
"核心的官子"抉择
　　——运输安装的关注点 ················· 71
提高胜率的"官子"
　　——调试免保的关注点 ················· 73
接近胜局的细棋"官子"
　　——验收交梯的关注点 ················· 74
能否完胜的对局考验
　　——应收款项的关注点 ················· 75

电梯销售典型案例

电梯销售典型案例一
　　白刃战演绎残酷竞标中的智慧胜果 ·········· 79
电梯销售典型案例二
　　综合表现获胜，艰难并快乐着的销售 ········· 85
电梯销售典型案例三
　　"乒乓销售"拿订单 ···················· 93
电梯销售典型案例四
　　优质服务促成项目订单的连锁效应 ········· 103

电梯销售典型案例五
  妙手回春的电梯订单"拦截案"…………………… 115

电梯销售典型案例六
  机智跨越电梯采购环节的"欲望陷阱"…………… 126

电梯销售典型案例七
  一个朋友的电梯销售心得:销售人员容易犯的
  十大错误………………………………………… 131

电梯销售典型案例八
  读古文《触龙说赵太后》悟谈判技巧…………… 139

电梯销售技巧疑难杂问100题

概 论

　　围棋最早发明于中国,它和京剧一样,是中华民族璀璨夺目的非物质文化遗产。4 000余年前就有"尧舜以棋教子"的故事,是说尧舜发明了围棋并以此来开发孩子的智力。后经历代帝王将相、道士僧人、文人雅士、民间高手发展完善,并糅合了军事、哲学、政治、数学、佛教、道教等的有关理论,成为影响深远的国粹。围棋纹枰由19条纵横交错的线条组成361个落子点,对弈双方分执黑、白两种棋子,执黑先行,规则由约定俗成发展成既定的国际规则。计算胜负时黑子贴白子七目半(中国和韩国规则略有不同),最终以获取地盘多的一方取胜。

围棋有个别名叫"烂柯"。传说晋朝时有一位叫王质的人,有一天他到信安郡的石室山(今浙江省衢州市衢江区)去打柴。看到一童一叟在溪边大石上正下围棋,于是把砍柴用的斧子放在溪边地上,驻足观看。看了多时,童子说"你该回家了",王质起身去拿斧子时,一看斧柄(柯)已经腐朽了,磨得锋利的斧头也锈得凸凹不平了。王质非常奇怪。回到家里后,发现家乡已经大变样,无人认得他,而他提起的事,有几位老者都说是几百年前发生的了。原来王质上石室山打柴误入仙境,遇到了神仙,仙界一日,人间百年。后来,人们就把"烂柯"作为围棋的一个别名。

围棋发展到现在已经成为世界性的体育竞技项目。著名赛事很多,其中有中、日、韩围棋擂台赛,亚洲电视围棋快棋赛,"春兰杯"围棋比赛,世界围棋锦标赛等。

围棋的博大精深和奥妙无穷在于,纹枰之间,黑白对弈,既有兵法之深邃,亦有游戏之乐趣,既蕴涵政治思维和深刻哲理,又有拼搏生存之道,还能考验心理承受能力、数学计算能力。行棋中,既要综观全局,又要讲求局部战术,点、面结合,首尾相顾。牵一发而动全身,一招不慎,满盘皆输。高手落子,往往画龙点睛,出其不意,妙手一出,或柳暗花明,或起死回生,或直接绝杀,始终掌握棋局主动。

围棋与营销的逻辑

如果把围棋与电梯销售技巧联系起来,就会发现二者在很多方面是相通的。

1. 棋理和懂行

下棋首先要懂得游戏规则,掌握行棋的基本方法和技巧;电梯销售首先要懂行情,熟悉产品,了解市场,掌握本行业的游戏规则和电梯销售的基本方法。

2. 棋力和功底

下棋要积蓄相当的棋力,不仅需要缜密的思维、精确的计算,还要有理智的判断和果断的决策;电梯销售人员更需要扎实的功底和较高的素质,并在此基础上敢于竞争,做到知己知彼,将资源整合和自身能力都发挥到最佳,从而战胜竞争对手。而评判的标准和尺度无疑是客户的认知度和订单业绩。

3. 棋风和营销

棋下到一定水准会形成自己的棋风,如聂卫平的大将风度,李昌镐的沉稳精细,小林光一的飘逸灵秀,武宫正树的浩瀚大气等。电梯销售一旦形成风格,才有资格称为在做市场营销,这时,才不会只关注一两个项目的成败,而是善于把握市场,充分整合利用资源,发挥团队效力,提升品牌和企业的社会认知度,最终赢得客户,赢得市场。

4. 围棋定势与电梯销售流程

围棋行棋有很多定势,它是历代棋手经过实践总结出的行棋技巧和套路,如中国流、宇宙流、三连星、星小目等;电梯销售运作也有流程,这是企业在激烈的市场竞争中获得的技巧和套路,例如信息搜集、项目分析、市场管理、渠道管理、投标报价、合同签约、售前售中售后服务等。值得注意的是,围棋高手了解定势、善于运用定势但不拘泥于定势,而是不断求新求变;电梯销售也必须在瞬息万变的市场中创新发展,只有在基本流程的基础上不断追求灵活、高效,才能更加有效地把握市场,最大程度地获取成功。

5. 围棋决断与销售决策

下围棋关键时刻要决断,如弃子、打入、破眼围歼、转换等,这是从棋局发展的客观需要出发必须当机立断作出的决定;电梯销售在重要关头要决策,如产品选型、报价定标、竞标、商务谈判底线、签约方式等,这是市场竞争的必然选择,容不得优柔寡断。决断和决策的正确与否取决于思路与功底,偶然中蕴涵了必然。围棋可以是高手对高手,也可以是高手让子对低手,但销售则完全是高手与高手的对局。销售的对手是市场,不但要战胜对手而且要战胜自我,这才是最高境界。

6. 赢的追求，围棋要"完胜"，电梯销售的最佳效果是"三赢"

下棋追求的最佳效果当然是赢棋，而且最好是对手投子认负的"完胜"；电梯销售追求的最佳效果应该是"三赢"。什么是三赢呢？那就是对客户、代理商和电梯生产厂家三方都有利。首先是对客户有利：客户购买了你推荐的电梯产品满足了其品牌需求、性价比需求、服务需求和安全性能及使用需求；其次应该是对代理商有利：代理商作为厂家的合作伙伴和一线销售的直接操作者，获取了合理的销售利润，同时，也在销售过程中锻炼了队伍，增强了信心，为进一步拓展市场提供了保障；再就是对电梯生产厂家有利：成功的销售必然会促进业绩不断攀升，从而提升企业和品牌知名度，扩大市场占有率，增加制造利润，促进企业发展和技术进步。当获得电梯订单的时候，先不要沾沾自喜，不妨用"三赢"的标准来评估一下。

7. 棋手的段位与电梯销售人员的功底

职业或业余棋手都有级别。职业棋手是从初段到九段，九段是顶尖棋手。业余棋手分16级，达到1级之后才能升业余段位，只有经过相应级别的比赛获取一定的积分才能升级。段位级别基本能够衡量棋手的水平。电梯销售人员的水平虽然是由市场衡量的，但作为销售人员应具备以下基本功底：① 熟悉各种产品的基本技术要求、功能、配置；② 了解市场和客户的需求；③ 熟悉厂家的销售政策、价格政策及管理流程；④ 具有较强的法律意识、竞争意识，尤其是诚信度；⑤ 较好的形象、气质和文化知识素养，较强的敬业精神，有一定的亲和力和感染力，有耐力，有韧性，能吃苦；⑥ 具有较强的沟通能力和应变能力，能及时解疑释难，降低和规避风险。有了上述功底，才算具备了市场拼搏的基本条件，才能够在实战中不断启发悟性和产生灵感，才有可能走向成功。

学会下围棋并不难，但要下出一定水平就比较难了，要想成为高手则更加困难。电梯销售入门也不难，但要能独立操作获取订单就比较难了，而要办好一个电梯销售公司带领一个营销团队乃至从战略高度去塑造一个电梯品牌和持续扩大市场占有率则更加困难。也正是有了这些挑战，才造就了一批又一批电梯销售精英。

围棋既有竞技性也有娱乐性，电梯销售的过程难道不也是其乐无穷吗？在与人交往中培育了友谊，在推荐产品制作标书和竞标中学到了专业知识与经验，在四处奔波中增长了见识，在克服困难的同时增强了自信。

围棋与价值营销

围棋每个棋子的价值高低和行棋者的战略思维与战术手段相关联,不同棋手的同一手棋看似接近但价值却差之千里。这就是所谓的棋力吧。一盘棋能否获胜,取决于每手棋的价值是否大于对手,或者说总体上棋力是否高于对手。电梯销售与此类似,不妨称之为"价值营销"。

当前的中国电梯市场在全球经济危机的大气候下总需求有一定程度的萎缩,与此同时,在绿色环保大旗的引领下,无齿轮技术全面普及和日趋同质化,伴随着能源和原材料涨价,使电梯制造和销售的成本压力越来越大,竞争变得空前激烈,生存和发展考验着每一个电梯企业。正是在这样的大环境、大背景下,电梯行业的"价值营销"理念悄然兴起。这一营销理论虽然尚未系统化和明朗化,但它显然是与时俱进的,也是每个销售人员必须认真研究的。

下围棋之所以又称"手谈",就是要通过行棋中下出的每手棋向对手传递价值,并且是关于价值增减的"谈判"。而价值营销则是使营销的核心回归到价值,发掘并向客户介绍产品的价值,而不是简单地停留在价格这个因素上,当价格已经被市场确定的情况下,增加价值不仅可以使品牌得到彰显,而且可以有力地回击恶性竞争,让价格有进一步的提升。我们应该清楚地认识到,价值营销是市场竞争水平提高的必然产物。

1. 围棋技战术的追求在于,能否下出具有最大价值且最合理的每一手棋;价值营销谈判追求的则是价值增值

2. 围棋的子力价值取决于棋手的段位和实力;而价值营销谈判的基础是必须能够成功地推介品牌价值

电梯产品有品牌,品牌不是一天就能打造出来的,需要长期的积累和市场检验,围棋手也有品牌效应,高手的段位就是品牌。随着职业化围棋赛事的发展和日臻完善,高段位棋手毫无疑问将左右比赛的精彩程度和票房。可见,品牌意识已经在人们的心目中潜移默化了。能否主动提升品牌价值,是能否开展价值营销的基础。众所周知,围棋手的段位在很大程度上是棋手实力的象征和社会认知度的标志;同样,产品的品牌也是企业形象及其产品的社会认知度的标志。品牌本身是可以量化的,比如职业棋手转会,其身价首先是看他的段位,其次是出场费以及广告代言等。产品品牌价值的量化则可以直接将其货币化,2007年世界十大品牌排行之首的可口可乐的品牌价值就高达670亿美元,中国品牌排在首位的中国银行品牌价值也高达1 100亿元,每份零售价不到1元的《新民晚报》,品牌价值竟超过了45亿;业内某电梯公司的销售精英培训班采用中国评价的通用计算公式"P(品牌价值)=M(市场占有能力)+S(超值创利能力)+D(发展能力)"的计算结果,国内几家一线品牌的价值都超过了40亿,这些品牌在行业和全社会的认知度近年来都有不同程度的提升,已逐步成为客户群体的采购指南。价值营销谈判就是力求最大程度地把品牌蕴涵的价值推介给客户,换句话说,只有充分并成功地向客户推介了品牌,价值营销的谈判才有了坚实的基础。

3. 通过下围棋悟出价值营销谈判的又一要点是,必须善于把自身的"亮点"转换成增值的卖点

笔者有个销售方面的学生是围棋网上业余5段,平时总和笔者下让子棋,不服输的笔者总觉得不是技不如人,但又的确不明白差在哪里。当问他棋力提升的空间在哪里时,他笑着说:"差在你没明白自己比对手好在哪里并适时地发挥和利用,从而达到扬长避短、克敌制胜的效果。比如你的大局观比我好,布局大场总是占优势,中盘的战斗力也很强,但由于你没有清楚地发现自己的长处,不能形成连贯的行棋风格,优势不能保持和扩张,战斗力因信心受损变得脆弱和动摇,所以往往到续盘和收官阶段就逐步陷入被动了。"于是恍然大悟,原来自信是在客观了解自己优点基础上培育产生的。其实价值营销的谈判也是如此。现实中,有些基层销售人员不求甚解,对自身的闪光点往往置若罔闻,以至于在与客户的沟通中很快便陷入"囊中羞涩"的境地。因此，销售人员能否有针对性地把握和运用自身的"亮点"，并使其转换为增值的卖点，是在价值营销的谈判中能否掌握主动的关键。

4. 围棋和销售都贵在增值创意

围棋有很多定式，围棋高手则能走出定式而寻求变化甚至创造新的定式，相对于原来的定式新定式毫无疑问是增值的。

实行价值营销，重点也是产品的增值，但产品的增值不是光靠嘴巴就能说出来的，它必须依靠企业的实力，并以其强大的技术创新能力和制造能力为后盾，在产品和技术的不断变化和升级换代中提升价值，这就要求销售人员必须关注产品的动向。

5. 下棋靠严谨，销售无侥幸。价值营销的谈判应面对现实排斥投机，努力在同质化的竞争中寻求差异性的优势

业余棋手之所以"业余"，就是因为棋行中随手、投机的现象较多。比如当己方形势不利需要打入敌阵时，没有仔细考虑对手的空虚之处在哪里，打入点是否过于深入，周边有无自己的棋子接应，当打入遭到攻击时，有无"制孤"和做活的手段和可能；等等。寄希望于对手犯错误，用撞大运的心态行棋，结果自然是凶多吉少了。

在电梯产品特别是无齿轮技术日趋同质化的今天，差异化仍然无处不在，各厂家在设备、工艺、检测手段、研发能力、配方配置、供应渠道、成本控制、精益管理和员工素质等环节上不可能完全一致，因此，我们必须致力于发掘差异化的价值并向客户传递其中的增值因素。销售人员应该学习职业棋手的认真和严谨,避免在似懂非懂的情况下牵强附会,更要严格杜绝不懂装懂,怀着投机心理以子虚乌有的所谓"差异"去蒙骗客户,拿诚信做赌注,以巧舌当卖点,结果必然会咽下自己种下的苦果。

6. 通过"倾听"围棋语言确定正确的应手;通过倾听客户需求作出满意的答卷。价值营销的谈判必须善于做到在回答客户问题中提升价值

围棋有先手和应手之分,先手往往是进攻性的,而应手则大多是防御性的。下好先手当然是能否保持优势的关键,但应手如何也是使棋局能否化不利为有利、变被动为主动的重要因素,也是衡量棋手水平高低的重要标准之一。巧妙的应手不仅能够及时化解危机或瓦解对方的攻势,甚至能在眨眼之间柳暗花明,形成由防御转为进攻的局面。

电梯的价值营销谈判更不能忽视谈判中的倾听,俗话说:说话听声,锣鼓听音,销售精英们大都能够在倾听中准确及时地掌握客户产品需求、利益差距、倾向权重、诚意大小、瓶颈障碍等重要信息,并在此基础上作出判断和决策。特别是对客户的提问,更需要把握其问题的核心并理解客户疑问的本质。另外,不能仅仅满足于回答问题本身,而应传达更多的价值信息。

在一次有关销售技巧的培训中,笔者曾就此观点用互动的方式与学员一起探讨,引起较为热烈的反响。比如:谈判中客户经常会问,你们公司将免保期限定在12个月,而你们的对手在这方面往往更为宽松,是不是你们对自己的产品质量缺乏信心?这个被偷换了概念的问题看似简单,回答好却不容易。问题的实质显然是客户在产品质量保证上要求过高。它一般表现在延长质保期及要求签约方对电梯或主要部件作出超出国家标准的某些保证。在谈判中可以这样回答:对于质量保修期,我国建设部早在1995年建计〔1995〕第167号《关于加强电梯管理的暂行规定实施细则》中第十一条明确规定:"新安装电梯质量保修期:从验收合格之日起,由电梯生产企业保修一年,但不超过交货后18个月。"实际上所有制造企业都在按这一规定核算生产成本,如果要求延长保修期,不仅使制造企业加大成本,还增加了运行风险,因为任何机电产品的故障都是难免的,保修期以外更换零配件也十分正常,这些大家都是很清楚的。有些厂家或代理公司为了争市场、抢订单,有意将保修期作为优惠条件或卖点,其实只能说明他们产品的报价还有一定的空间,同时也恰恰说明其对自身产品的性价比信心不足。作为一流的电梯公司和国际知名品牌,其守法运营和规范管理也应该是行业的楷模。这和对自己产品质量有无信心完全是两回事。

从围棋的战术板块看电梯销售的渠道建设

稍懂棋理的人都知道,下围棋固然需要全局性的战略思维,但具体行棋时盘面的优劣是由若干个局部战术或战役的得失决定的,而局部的累积会对全局的形势产生决定性影响,围棋的许多技巧比如做活、治孤、打劫、转换、腾挪、杀棋、弃子等的运用就是依靠局部战役的获得奠定整个棋局的胜利。这一道理在电梯营销管理中最能体现的就是渠道管理。电梯销售由于其特点是大市场、小区域、周期长、环节多,不仅销售,还有安装、维保乃至应收款回笼等一系列工作,任何品牌厂家都无法做到以自身力量进行一条龙的大包大揽,所以必须发展自己的经销和代理渠道,建立品牌代理和服务的网络体系。这就要求厂家对代理商有清晰的分析和必要的准入门槛,还要有足够的吸引加盟的资源和政策,反之,也要求代理商注重团队建设和修炼,选择适合自己发展的代理品牌并加强自身品牌建设,最终在合作中取得双赢。

一、电梯销售代理商团队修炼

近年,我国新梯销售量已经占据全球第一,宏观经济和基本建设、房地产业的迅猛发展及电梯需求的大幅增长催生了大量从业人员和众多的代理公司。其中电梯整梯厂家已经发展到近500家,电梯专业配件厂家供应链庞大,有资质的安装和维保单位数千家,代理销售公司和个人众多。但管理水平和团队素质却是参差不齐。随着市场竞争对代理商规范化要求的日益增加,电梯销售的特殊群体——代理商团队的建设越来越对电梯品牌形象、售后安装维保、资源优化和效益提升起到至关重要的作用,所以各电梯厂家在市场营销的战略棋局中普遍加强了渠道建设和管理,在实践中深入探讨电梯销售代理商团队的现状以及存在的问题和改进方法,以促进业内更加关注代理商团队修炼,努力建设一支更专业、更敬业、更团结的代理商队伍。这也是各品牌厂家已充分认识到的在激烈的市场竞争大格局下的局部战术和战役攻坚克难的关键力量和核心竞争力之一。

1. 目前行业代理商团队的类型

产业拓展型:

(1)大多从业多年;

(2)基本完成资本原始积累(不少老板坐宝马开奔驰);

(3)公司主业已经由电梯拓展到其他行业,电梯仅是其保留的副业,以维修保养获取利润维持公司电梯板快业务支出及部分员工薪酬。

特点：

经济实力很强，人才也很多，但电梯业务基本呈维持和收缩趋势。

经营专一型：

目前仍仅以电梯为主业，尚未有实力拓展或涉及其他行业的代理公司。

特点：

（1）这类代理公司组织架构、管理制度和资质基本完善；

（2）专业人员较多，维保实力也比较强；

（3）公司实力尚可，现金流呈良性，注重改善办公条件和提升档次（老板们大多比较低调务实，一般坐沃尔沃、本田、帕萨特不等）；

（4）有的已经开始注重打造自身在当地专业电梯品牌代理和服务公司形象；

（5）目前有多品牌代理的发展趋势。

自立门户型：

（1）公司成立不久；

（2）原先大多是在生产厂家或专业代理公司从事销售或工程的骨干；

（3）在工作实践中积累了经验和心得，同时也积累了一定的启动资金；

（4）自己出来或寻找合伙人开公司做代理。

特点：

这类公司一般实力不太强（法人开桑塔纳、奇瑞的都有），管理基础薄弱，但激情澎湃，一旦选中认可的品牌会全力以赴，有不少有一定的发展潜力。

转行投入型：

（1）原先从事别的行业，虽积累了一定资金但没有更大发展，希望公司业务转型；

（2）的确占有对销售电梯有利的相关资源或看好电梯发展前景。

特点：

这类公司愿意投入甚至不乏大手笔者，但一开始带有一定的盲目性，由于对行业了解不够，对游戏规则不熟悉，专业人才缺乏，所以感性成分大于理性，需要代理品牌厂家引导、磨合和市场实践考验。

挂靠代理型：

（1）以单个代理人销售为特征；

（2）未注册公司并不具备任何资质；

（3）大多没有固定的办公地点和专业的销售、技术支持人员；

（4）以厂家委托代理身份坚持或凭关系获取订单。

特点：

这类代理商实力较弱（老板创业者居多，开车、打的、夹皮包的都有），项目订单操作必须挂靠有资质的公司并经过协商达成合作协议，一般是阶段性的，有一定积累后一般会考虑注册自己的公司。

2. 目前代理商团队的主要运营模式

老板自己挣钱：

很多代理公司以老板自己挣钱为主；主要业务和客户都是靠老板个人关系，其他人要么老板不让插手，要么不具备参与的能力。

老板和员工一道挣钱：

由家族主导的合伙经营，如父子夫妻公司、兄弟公司等；裙带模式，以亲戚、同学、战友、老乡、朋友为骨干组建公司。

优点：流动性相对小，如权利、利益分配合理，则凝聚力较强。缺点：授权难以充分，相互有掣肘可能，因关系特殊可能影响执行力，工作效率低甚至影响决策，贻误商机。

以上两种模式明显欠缺规范和专业性。

员工为老板挣钱：

公司经营有一定规模，品牌意识和企业文化已具雏形，开始探索和完善自身管理模式与制度体系，管理层有少数职业经理人；以员工聘用制为主体，不乏能人、骨干；销售多采用基本工资加奖励提成模式，但由于奖励提成标准不一，政策制定与当地的收入标准、行业水平以及项目运作实际存在不合理现象，加之公司管理层人性化管理不够和文化价值观趋同性差，往往造成人才流失。

3. 代理商团队建设的困惑

小不忍会乱大谋吗？

一种情况是：因规模偏小、资金短缺、团队协调能力差、项目操作和合同履约虎头蛇尾,以致于发生挪用客户提货款、合同造假等不良现象甚至严重违约等诚信危机而影响业绩增长,致使信誉损毁。结果是做一家死一家。

为什么人才难留?

另一种情况是:疏于管理,制度松散,有诚意去培养销售人员,但没有让员工特别是骨干员工看到公司的发展前景、深切认同公司的价值观和老板的人格魅力,以致不能把握公司发展与自身利益的结合点,公司因此变成了所谓的"黄埔军校",好不容易能独当一面了,结果却接二连三地走人,致使人才难留,给公司造成无形的损失并给老板们带来极大的苦恼。

4. 代理商团队建设的期盼

职业经理人制:

职业经理人是具备能够让老板放心的人品和能力、其薪酬待遇又在公司可接受范围内的人才。这样的人选难度很大,既取决于老板的合作精神、经营理念、看人眼光、为人胸怀、处事魄力和遇才缘分,也取决于职业经理人的理念、眼光、定位和需求。期盼变为现实的结果应该是双赢的。

股份制:

就是严格按《公司法》成立董事会,由公司法人或职业经理人依法经营并对董事会负责,吸收公司管理层、骨干和部分员工参股(基本是非全员入股),股东除在公司工作获取报酬外,还可以按股分红,使股东真正具备企业主人的意识、责任、权利和义务。这对很多私营代理公司老板来说,有期盼也有顾虑,要有很大的改革勇气和决心,改制本身也是对经营者能否做大做强做长久、是否具备现代管理意识和能力的现实考验。

5. 代理商团队自身品牌意识和品牌建设

代理商团队自身品牌建设需要思考:

(1) 形象、文化。

(2) 融合、升华。

(3) 素质、专业。

(4) 服务、效率。

从属性和个性的结合与创造:

代理公司的企业性质决定其必然从属于某一个或几个品牌电梯公司,但自身品牌定位应该重在当地销售和售后服务的专业性,打造一流品牌代言形象,从而为"我卖的或我装的和我维保的"电梯地区占有率、客户满意度作出自己的贡献。

这样的自身品牌建设不仅是所代理的品牌厂家所赞赏并应大力扶持的,也是代理公司自身发展的客观需要。

让你的团队知道品牌建设必须是全方位的、可持续的和创造性的:

当代理公司做到一定程度的时候,整个团队必须同时考虑自身的品牌建设,但必须明确:

(1) 没有文化内涵就没有品牌;

(2) 没有规范的管理就没有品牌;

(3) 没有个性特色就没有品牌;

（4）没有核心竞争力就没有品牌；

（5）没有服务意识就没有品牌。

你的团队成员必须明确品牌是什么：

（1）它是一个企业品质、品行和品位的结合体；

（2）它是可以量化的企业无形资产和财富的源泉；

（3）你的团队的工作品质、商业道德和职业品行，应在良好的基础上逐步形成自身服务的特色，赢得当地客户甚至同行竞争对手的尊重（比如：文化会所、培训中心、110联动、电梯4S店等）。

你的团队成员必须明白：

（1）自身品牌建设是在营造客户投资小环境和忠诚度；

（2）自身品牌建设是吸引品牌厂家政策倾斜和支持力度的驱动力；

（3）自身品牌建设是凝聚团队的内在基础；

（4）有了品牌效应，无论你代理什么品牌电梯，客户都可能会给予认可和接受；

（5）审视公司是否存在定位不准，团队阶段性意识较强、决策者缺乏长远目标和可持续发展思路，以及不注重企业文化建设等问题，有无经营很多年依然只是某厂家的代理商的感觉。

6. 选择好代理品牌和团队建设有关系吗

代理商选择代理品牌的正确标准：

（1）品牌、文化和产品价值独特，行业地位优越，市场

占有率大和用户口碑佳;

（2）工厂实力强（厂房、生产能力、注册资金和资质等），发展潜力大，产品竞争力较强和性价比高；

（3）销售政策合理灵活、合作氛围较好，高效务实和服务体系完善；

（4）管理层之间有共性较强的价值观；

（5）代理公司及其团队核心成员对代理厂家的了解程度和认可度以及匹配磨合的难度系数等。

7. 代理商团队壮大的发展思路

（1）有自身明确的企业愿景和目标；

（2）公司法人具备领袖风范和人格魅力；

（3）规范的管理和科学系统的规章与流程；

（4）核心管理层及相对稳定的工程技术团队；

（5）团队强大的凝聚力，坚定的诚信、法制意识和坚持不懈的服务理念；

（6）相对稳定并可以相互信赖的优秀合作伙伴；

（7）广泛的社会资源和人脉关系。

8. 代理商团队在与厂家合作中如何做到利益最大化

代理商和所代理品牌工厂的关系好比足球队，工厂是中后卫、守门员，提供支持和做好服务；代理商是锋线球员，需要临门一脚，拿下定单。想多进球（利益最大化）怎么办？需问清楚自己几个问题：

（1）球员之间相互了解吗？

（2）经过磨合和实战考验了吗？

（3）战术配合能十分默契吗？

（4）熟悉比赛规则和了解对手吗？

（5）销售前锋具备进球的能力吗？

以上问题没有简单的答案：

（1）代理公司法人首先要与代理品牌厂家有充分沟通、交流，落实合作意向，签订代理协议；

（2）加强培训，不断提升自身团队的综合素质和适应能力，尽快熟悉和了解工厂的企业文化、销售政策、产品价值、土建配置、技术参数、性价比优势、管理流程等；

（3）善于利用工厂、区域或分公司资源，提高工作效率，确保合同履约，在沟通中避免误解和信息不对称产生执行错误造成资源浪费和延误履约时间；

（4）在业绩增长中利用理解、包容获得更多的工厂、区域的支持和话语权，坚持诚信为本，守法合作，维护品牌形象和杜绝恶性不良竞争。

9. 规范化管理对代理商团队的重要性

（1）它是与品牌和工厂匹配的需要；

（2）它是自身可持续发展和企业品牌文化建设的需要；

（3）它是项目运作和招投标的需要；

（4）它是团队精神培养和员工素质提升的需要；

（5）可降低运营成本和增加利润空间。

综上，我们可以知道代理商团队需要从哪些方面去促进自身的发展，使有意愿做大做强的代理商寻找到一条符合自身环境、条件和特点的团队建设道路,使整个行业从中受益,为繁荣电梯市场、成就成功梦想奠定坚实的基础。

二、如何用围棋的理论和思维剖析电梯营销的渠道管理

通过以上对代理商的分析,可以得出:

(1)围棋的战术板块和营销的战术板块对全局的影响是完全吻合和一致的。

(2)渠道管理的核心是代理商管理,就像围棋中局部的胜势决定整个棋局的胜负,用句通俗的话说就是:得代理商者得天下。

(3)有了代理商,还要维护、管理、支持好代理商,就像围棋的局部争夺,要有很好的功底和套路,否则不知道从哪里发力,如果代理商所代理的品牌没有吸引力也就不能指望他们有忠诚度,长期合作发展就没有坚实的基础,在市场竞争中保持优势和业绩稳定上升也就成了一句空话。

(4)对代理商自身而言,要想在市场日益激烈的竞争中分得属于自己的那杯羹,就必须下好自己的一盘棋:选择好品牌,注重自身团队修炼和规范管理,打造与代理品牌相适应和配套的特别是在当地具影响力的自身品牌,成为既是品牌厂家大棋盘上一颗极具进攻性和杀伤力的棋子,同时又可实现自身可持续发展,增强自身实力,用句围棋和营销合璧的术语,这才是完胜的双赢。

布局篇

下围棋首先要思考开局的问题,"良好的开端是成功的一半"。开赛前,要事先了解对手的实力和行棋风格,做到心中有底,然后制定作战方案。开战后,要注重利用先手,在定势的基础上变化创新,最大限度地发挥落子的效力,从而抢占先机,掌握主动,为进入中盘战斗创造有利的条件。

电梯销售也有个开局问题。什么是电梯销售的开局呢?通常一些大的合资、品牌公司会制定相似的比较规范的流程,这些流程目前也被很多中小电梯企业和代理公司销售人员广泛采用。这些流程基本可以归纳为:了解市场,搜集信息,项目分析,资料准备,产品选型,最佳切入的拜访,等等。这可以称为电梯销售的开局。

"落子"前的思考
——了解市场的技巧

比赛落子前对弈高手都会有一段静心思考的时间,双方都想着如何先声夺人,出其不意,最大限度发挥先手子力或抢占大场,或围住实地,或构筑厚势,从而掌握棋局的主动。电梯销售开局同样要着眼项目,立足市场,用战略的眼光立体、客观、全面、真实地了解和分析市场,这是搞好销售的前提。怎样了解市场才能达到客观、全面、真实呢?应从宏观、微观、纵向三个方面来进行:

1. 宏观了解

国民经济发展速度及宏观走向,国家和省、自治区、直辖市的基本建设、基础设施建设、产业政策、金融政策及法律法规,房地产及相关产业的动向等国民经济大政方针和重要、支柱性建设领域对电梯行业的直接或间接影响。这在围棋术语中应称为大局观。

2. 微观了解

了解所在地区客户消费习惯、品牌认知度;所在地区同一品牌的销售队伍,服务网络建设,样梯效果分析;所在地区客户在品质、价格、服务方面的权重分析;所在地区项目运作的规范程度、行政干预度及关系影响度等方面的分析;对所在地区竞争对手队伍及经营状况的了解与分析等。这在围棋中属于局部形势判断。

3. 纵向了解

如了解行业状况,产品发展趋势,新技术、新产品动向,主要竞争对手特点,增长速度,总需求量,所在地区需求量及侧重点,市场份额和目标,地区经济发展水平差异,价格差异,竞争激烈程度差异,产品需求差异,客户关系源差异等。用围棋术语可以称之为把握棋局走向。

选择"定式"的思维
——搜集信息的技巧

围棋开局有关定势的选择关系到攻守的均衡,棋型好坏关系到棋局发展的潜力和后续手段的利用,棋筋的呵护关系到局部生死及其对整体棋局的影响,保证棋眼是行棋的命脉。战术要符合全局的战略要求,这靠的是行棋者的分析判断。它必须是以了解对手、观察棋局变化为基础的。电梯销售中掌握和分析信息尤为重要。信息是销售之源,信息的含金量是确保成功的要素,在拥有信息量的基础上挖掘有质量的项目信息,是有的放矢和成功的保障。

围棋的信息搜集主要是在行棋或开赛前了解对手的情况,而下棋的过程中棋局变化的具体信息则是随机的;电梯销售因为其建设规模、周期和影响程度产生了既定的信息渠道,包括:

瞄着塔吊、脚手架想方设法找工地;
媒体、网络多种渠道全方位查信息;
设计院、规划局、技监局里面找关系;
博览会、展览会、房交会全部都要去;

老客户要续关系，盯住工程做下期；
同行交道也要打，单项经销别忘记；
广交朋友多联系，别人也会关心你；
接听电话要仔细，不能遗漏好东西。

当然，获得大量的电梯项目信息仅仅是销售的基础条件和销售人员"行棋"的开始，而什么样的项目采用什么样的最佳销售方案，即所谓"定式"的选择，应该说从此就必须纳入销售人员的思维之中了。

对局开盘的步调
——分析处理信息的技巧

有了一定的信息量,可采用邮局对邮件进行分检的方式对信息进行处理:一是看其中项目的可操作性。即了解有无撞车现象、关系的介入程度、项目的切入点及竞争对手的介入状况等。二是要区别信息中的项目类型。即分析有无大项目、重点项目或标志性工程;哪些项目如成功对完成台量目标有利但可能因价格或其他因素使得利润不高甚至不赚钱;哪些项目是可以创造合理利润的。三是要分析项目的建设周期。掌握它是近期采购,还是中期选型或者仅处于初期方案设计阶段,应予以分门别类,从而掌握进程和跟进节奏。四是要分析开发商实力、资信情况、品牌定位及可能的支付条件等。信息的正确处理就好比下围棋时对手走了很关键的一手棋后要考虑应手。不仅如此,还要考虑对手的思路和行棋的步骤及套路技巧,正确的应对和避免错、败、恶手的出现是保证棋局特别是开局顺畅与否的重要环节。

开局的形势判断
——项目分析的技巧

对于有价值的信息,还要进一步具体分析,正确的形势判断是建立在有效可靠的分析基础上的,这好比围棋的应手有多种选择,棋手要从中选出最高效最精妙的一手,做到应对准确,攻防有致。项目最基本的分析无非有以下方面:

(1) 项目所需的电、扶梯的梯型、梯种、规格、载重、速度、台量及功能、配置;

(2) 招标条件、技术参数分析,确定有无非标因素;

(3) 开发商、投资商企业性质、资金实力及信誉度;

(4) 客户决策程序及管理接口,关键人物联系方式;

(5) 工程进展、资金来源及到位情况,预计项目采购期,客户对交货期、安装、运输、付款及服务要求的了解和预测;

(6) 客户方面拟订的采购流程或招标方式,是内部议标、竞争性谈判、公开招标、委托招标还是政府采购?

(7) 我方拟采取的销售操作方式,是生产厂家直接投标还是代理商投标?是经销还是代销?

有了以上分析,这盘棋的开局就变得清晰起来了,这对我们拟定销售方案显得尤为重要,只要我们分析对路,判断正确,就能做到心中有底,有的放矢,就可以开始着手接触客户了。

蓄势待发的功力基础
——掌握卖点的技巧

棋手们开局都讲究使自己的棋型既扎实又飘逸,厚势的构筑使自己既能攻又易守,简言之就是善于积蓄力量,以静制动,一旦对手漏出破绽,就将自身功力瞬间爆发,一举将对手击败。对于电梯销售来说怎样积蓄功力?要和下棋一样一步一步地进行。首先是在接触客户前,要充分准备相关资料,如样本资料、土建图册、公司介绍、资质证明、授权委托等。如有相关资源也可做准备,诸如DV光碟、样板业绩图表、媒体报道、广告照片等。

但所有资料都应该突出卖点。什么是卖点?从客观角度讲,所有的电梯品牌只要尚未被市场淘汰,仍然在生存和发展,或多或少都有其自身的卖点。但国际知名度、企业规模、产品技术含量、市场占有率、售后服务及大众口碑等卖点却不是一般品牌能够叫得响的。这好比是围棋比赛的外围赛或选拔赛一样,高手和低级别选手同台竞技,行家一出手,便知有没有。

目前世界电梯发展的趋势和潮流总体是在传统的安

全、舒适、美观的基础上,朝着节能、环保、智能化方向发展,以全球电梯行业领头羊 OTIS 为代表的绿色理念已形成强劲的风暴。永磁同步无齿轮电梯在国内市场迅速推广,能源再生技术在电梯领域的运用格外受到青睐。因此,电梯销售人员在宣传品牌卖点时也应以此为侧重点。总之,销售人员应该做到:

宣传品牌理直气壮;

绿色环保当仁不让;

梯种梯型满足需方;

价格适中定位得当;

一流服务全程跟上。

当然,诚信和职业道德要求我们来不得半点虚假。子虚乌有的欺诈和做不到的事绝不能拿来当卖点,否则,必将自食苦果。用围棋的规则形容,这叫落子无悔。这里如果说有技巧的话,那就是要善于扬长避短。把自己的企业、品牌和自身最闪光的东西发掘出来并以最恰当的形式向客户展示,同时,还要能够实事求是地承认自己成长中的不足,用诚信和人格魅力来弥补某些方面的差距。

对于销售人员来说,卖点既是客观存在的,又是找出来的。要真正地了解自己,在最适合的时间和场合把积蓄的功力充分发挥出来,就会看到电梯销售这局棋获胜的希望。

知己知彼的"行棋"原则
——"吃"透买点的技巧

在初步接触客户时,最重要的技巧应当是"倾听"。不能为了急于公关或宣传自己的卖点而忽视了解和掌握客户的买点。这好比商业性围棋比赛的组织者,比赛规格的高低、有无明星大腕、对决者级别段位和精彩激烈程度等,都是这场比赛的看点,也是卖点。但聪明的组织者最关注的还是观众希望看到什么样的比赛,愿意花多少钱看比赛。这就是要考虑买点,不能一厢情愿。客户的买点有哪些呢?不同的客户有不同的需求,主要有以下几点:

(1)客户对产品型号、配置及进口件的需求;

(2)客户对产品功能的需求;

(3)客户对节能、环保电梯的兴趣和要求;

(4)客户对电梯入梯界面和装潢的需求;

(5)客户对售前技术服务和安装、维保及售后服务的需求;

(6)客户对产品的价格定位;

(7)客户的非标需求及其他特殊要求等。

从倾听中能够对客户的买点有基本了解,此时应该在寻求卖点和买点的一致性上下工夫。销售人员应根据所掌握的自身产品的具体特点和企业现有综合优势及对行业、竞争对手产品的了解,在发现和发掘人无我有、人有我好、人好我优、人优我靓的卖点的同时又能做到与客户的买点即需求相结合,这样的方案,才可能是最适合的。

世上没有两片相同的树叶,围棋也决无相同的棋局,电梯销售中的每一个项目也不可能相同,所以掌握客户需求"吃透"买点就显得尤为重要了。选择电梯销售方案时应对项目进行透彻分析,遵循知己知彼的原则,在准确判断的基础上制定具体方案,掌握项目的可操作性和注意灵活应变,把握机会,组织项目运作的下一个战役。

中盘篇

经过排兵布阵,当棋局进入中盘,真正的战斗便开始了。在围棋中,中盘异常激烈的战斗表现通常为:包围与反包围,打入与治孤,打劫与杀气,整形与破眼,弃子与扩张等。其目的就是为了攻城掠地,扩大己方地盘。电梯销售的"中盘"肯定更为激烈。当今信息的传播快捷异常,市场销售高手如云,项目往往刚刚设计或动工,电梯厂家的销售人员便蜂拥而至,刺探情报,摸清名址,网罗关系,报送资料,都希望能够先入为主,占据主动。在开局篇中我们说到流程,电梯销售的"中盘"也一样,现在普遍采用的流程可以归纳为:购买标书,研究招标文件,土建技术参数和非标确认,价格预测算,销售方式选择(经销、代理等),标书制作,投标报价,商务谈判,合同签约,等等。

上述流程的每一个环节都将是紧张、激烈的。这里要发挥的技巧将随着市场的日益规范而逐渐趋于专业化。围棋也一样,进入中盘搏杀在水平相当的情况下,仅靠"勇"是不够的,更需要的是在功力的基础上发挥技巧出奇制胜。电梯销售的"中盘"和围棋一样能够演绎的技巧千变万化,这里择其要点予以阐述。

中盘战斗的核心操作
——标书制作的技巧

随着市场的逐步规范,招投标采购已逐渐在电梯采购中成为主要方式,所以电梯销售人员必须具备相关知识和操作能力。除了对国家颁布的相关法律、法规了解和熟悉之外,还必须对政府采购政策、流程、专项资金支付方式等政府项目招投标程序和内容有所了解;对招标公司操作流程和规范程度有所了解;对委托招标单位对招标公司和专家、评委的影响力有所了解;对竞争对手参与招投标的运作能力和成功率在客观评估的基础上有所了解。有了这些了解,去参加投标时才不至于盲目,才能得出该不该出手和怎样出手的正确结论。

决定了参与投标并购买了标书,就意味着拉开了电梯销售"中盘"战斗的序幕,同时也意味着已经进入到项目操作的核心阶段。那么该怎样制作标书呢?

1. 认真阅读标书,精确应对要求

围棋高手平时训练时往往都要进行复盘和打谱,复盘就是对下过的一盘棋或一个局部的行棋步骤进行恢复,研究过程中的得失;打谱就是对经典棋局或定势及死活题进行反复的演练、研究和探索。这个过程,不容许漏掉任何细节,否则将失去复盘和打谱的意义与价值。电梯销售人员对标书或招标文件的认真阅读更是不能出半点差错,特别是涉及投标时限、投标单位资格、标书格式、产品技术性能、规格、配置、非标因素、商务条件、付款方式、提供附件资料和售后服务要求、评标标准、开标方式等至关重要的内容,都必须仔细阅读消化,正确理解,其间如有不明确或不理解的应及时向招标公司或招标单位咨询。有些招标单位因自身项目的特殊性可能会在招标文件中提出似乎不够规范甚至会使人感觉烦琐的要求,尽管如此,在着手制作标书时还是必须力求精确应对,因为平时经常挂在嘴上的"用户至上"可不是一句口号。正因如此,制作标书决不能凭感觉和经验自说自话。

2. 解决非标问题,合理采用偏离

投标的过程中有非标产生是正常现象,问题是如何处理。先要明确几个问题:一是确认是否确属非标,客户是否认可属于非标;二是本公司技术能力可否解决;三是解决方案与客户要求及土建设计有无冲突;四是解决的成本及客户接受的可能性如何;五是对手可能的应标方案。当然,要了解上述情况并非易事,需要合理地利用资源和与招标公司或招标单位充分沟通,此属于制作标书以外的技巧,且不赘叙。我们需要做的是:必须在招标单位允许的前提下才能在标书中做偏离。如我们已知参与此次竞标的竞争对手

大多按非标偏离处理,则对我们的偏离难度和压力会相对减小,但我们在偏离说明中仍应小心从事,不能掉以轻心,更何况有时只有我方必须按非标处理。总之,要力求做到给招标单位和评标者产生"合理"偏离的印象才能视为成功。围棋中有试应手的一招,即在对方的急所和己方尚有进退之处放一手棋,这是在防止因偏离而出局的情况下应该考虑的妙手。

3. 突出卖点优势,科学制定标底

我们已经掌握了自身卖点和了解了客户的买点,在向客户或招标单位提供的资料里已做了鲜明的宣传和恰当的把握,此时标书制作应与样本资料保持一致,在不违背招标文件或标书要求的大前提下恰到好处地将卖点写进标书,以体现自身特点和竞争优势,从而争取在评标中获取高分或额外加分。

标书的核心内容是"开标一览表",也就是投标价格,通常称之为标底。这就好比是围棋中放出的"胜负手"。标底的科学与否在公开招标并以价格权重决定是否中标的标书中至关重要。那么怎样做标底才算得上是科学的呢?其实,这只是相对而言的,那就是:

一看招标单位资金实力;

二看招标项目规模、档次、标的大小和建设用途;

三看参与竞标对手的实力、品牌差异和自身对其竞争力的了解程度;

四看前期对各方的接触程度和品牌认知度;

五看以前类似竞标的经验和教训;

六看此次招标单位和招标程序的公开、公平、公正程度;

七看自身竞争优势和差距、测算的价格、目标利润及对能否中标的期望值;

八看此次应标的其他方面的适应度和应对率。

有了上述八看,并能在看的基础上进行综合分析,从而确定投标价格,就可以说是比较科学的了。

4. 讲究规范清晰,保证仔细完整

招标公司或有经验的招标单位一般都能够按《招标法》原则制订招标文件或提供标书的范本,以统一的平台来规范投标单位的标书制作。通常规范的标书目录和内容是:敬启者、公司简介、投标单位声明或保证、产品介绍、技术规格、功能、配置表、非标解决方案和技术、价格偏离说明、质量认证和执行标准、产品报价、开标一览表、交货期及付款方式、运输和安装费用、期限和工程解决方案、合同文本、履约保证、质量保证和售后服务承诺、验收和交付使用等。同时,要求在标书中提供的附件有:营业执照,税务登记证,法人授权委托书或制造商声明,厂家生产许可证,质量认证书和相关资质证书,安装、维修资质证,投标保证金或保函的有效凭证(部分附件必须提供原件)等。这就要求我们的标书制作者既要保证内容对应,又要注意格式的规范,使标书做得很有档次和品位,还要力求简洁、清晰。这也好比围棋比赛,组织者必须根据比赛的规模、种子选手状况、场次的多少及时间的安排来制订比赛的"秩序表",将小组划分,晋级资格、方式和相应的比赛规则都以公平、公正、公开的形式予以公布。就销售人员制作标书而言,还必须始终绷紧"仔细、完整"这两根弦。首先是格式完整,其次是标书中要求的信息必须齐全,包括投标单位名址、账号、联系人及电话、传真、电子邮件等。再就是投标人哪里该签字,哪里要盖章,招标单位要求的标书正付本数量、密封要求等都必须谨慎小心地完成。最后要注意的就是投标截止时限了,千万不能犯围棋比赛中被超时判负的错误。正是:

　　　　投标欲中的,细致加精巧。
　　　　规范少偏离,对应最重要。
　　　　打谱求经典,韬略在其道。
　　　　欲知味美因,盘外厨艺高。

决定棋局输赢的胜负手
——投标报价的技巧

在电梯销售的招投标比重日益增加和逐步规范的趋势下,电梯销售人员对投标的认识和操作能力也必须与时俱进,因为要想提高中标概率,从销售的角度讲,决不仅仅是做好一份标书,还有大量的工作要做。首先,参加投标就要把握投标经络,体现围棋"围"字精神。这里所说的"围"决不是指内外勾结、暗箱运作或者明修栈道、暗度陈仓的"围标",而是要靠平时的积累和沉淀,正所谓工夫在投标之外。平时要搞好与采购单位、招标公司、专家评委及政府相关部门甚至同行等的关系。这些工作在投标期间是不允许的,因此要靠平时的工作。

关于报价,对于电梯销售人员来说更是大有讲究。围棋中把握战机的关键手有扭断、打入、点眼、倒扑、劫杀等,这些手段的运用有的牵涉棋局的发展和走势,有的关系局部战局的利弊得失,有些甚至会决定整个一盘棋的胜败。这就是在前面提到的电梯销售的"胜负手"。以下对常见的报价状态做一些分析:

1. 项目前期咨询性报价

此种报价一般在项目前期。客户在搜集电梯资料的基础上需要对工程的设备采购做预算或对采购行情进行了解，也不排除初步进行货比三家，但这还不是决策前的价格比较。对于此种报价，能不报的尽量不要急于报，即使要报也尽可能作口头报价，实在不行再作书面报价（一定要明确注明有效期）。由于此时离采购决策期尚早，报价必须留有充分的余地，不能因竞争对手的压力而急躁、冲动，使自己陷入被动之中。等到该项目真的到了采购阶段，客户不会拿你原先的报价作为对其不利的依据，但对其有利的他肯定会抓住不放。这样，即使客户接受了你的品牌和卖点或被你原先的报价所吸引，在商务谈判时你将会因几乎没有回旋余地而十分艰难。这种感觉在下围棋时经常会遇到，那就是在关键的局势下发生劫争时一方因缺乏劫材而顿时陷于被动甚至输棋的痛苦之中。

2. 入围选择性报价

此种报价标志着项目已进入电梯采购选型的正式流程，客户希望在前期接触众多的品牌并结合他们的实际进行一轮价格比较，然后在此基础上筛选出三到五个认为有竞争力的品牌，并对这些入围的品牌做进一步深入考察比较后确定最佳品牌，这大多是客户内部议标的项目。针对此种报价，销售人员应予以高度重视和分析比较，应先把目标定位在保证入围上。这就要求对客户的品牌价格定位及参与竞争对手的品牌档次、价格水平、卖点对客户的适应度等有所了解,而且了解的程度越深越有价值。围棋团体赛,只有确保小组出线,才有进入下一轮和最终夺冠的可能。电梯销售入围是同样的道理,如果你一点底都没有,这个价报出去能否入围只有听天由命,或者,即使入围,却因报价接近底线没留余地,也将给以后的竞争和谈判造成困难。

3. 决策拍板前竞争性报价

此刻的报价标志着已进入决战,客户已明确通知入围的候选者:即将定夺,希望充分拿出你们的诚意和最大优惠,最后报一个不再讨价还价的价格来。针对此种情况,首先应认真回顾我们跟踪项目的全过程,评估前期工作的进展和与客户关系的深入程度,并以同样的标准对竞争对手有一基本客观的评估,另外还要考虑项目大小、影响度和其他风险因素等,然后果断定价报出。即便如此,还是要留有谈判空间。

总之:

工作做了一大圈,投标报价是关键。

知己知彼精核算,心有成算做在先。

把握时机再出手,成交希望看得见。

报价应该做到测算准确。电梯由于梯型、梯种、配置、功能、楼层、提升高度、载重、速度、装潢、安装、运输等因素众多,价格构成比较复杂,需要详细测算后才能报价,而只有在基本单价准确的基础上才能计算出可以下浮让利的幅度和比率。所以对价格测算准确并保证不出差错是电梯销售人员的基本功底之一。测算价格应本着以下几点:

(1)目标利润;(2)价格权限;(3)谈判空间;(4)成交底线;(5)费用消化;(6)对手价格;(7)非标加价;(8)风险因素。至于做到价格定位合理、时机把握恰到好处,则是对销售人员的更高要求了。

综合能量在"行棋"中发力
——资源整合的技巧

在围棋行棋中会不断产生出可利用的资源,例如厚势、长气、劫材等,这些资源一但被合理利用,往往会发挥出巨大威力。电梯销售过程中同样也有大量的资源有待整合和利用。这些资源可分为两大类:一类是内部资源,另一类是外部资源。

内部资源主要有:工厂资源、区域资源和代理商资源。内部资源是可以共享的,是资源主体,是已有财富。

工厂资源包括:品牌实力资源,信息资源,技术资源,产品资源,考察接待资源,管理服务资源,政策、价格及销售支持资源,法律支持资源,人力资源等。

区域一般是工厂直接派出的一线分支机构,目前合资公司和有一定规模的电梯公司基本上都采取区域管理的营销战略,因此,区域是厂家开拓市场的主力军团,是公司管理、服务延伸的前沿阵地,也是电梯公司了解市场、服务用户、发展代理商的主力部队。区域资源包括:提升品牌、公司形象和实力的资源,信息资源,技术支持资源,工程管理、协调和服务资源,人力资源,政策、价格在职权内灵活性执行的资源,销售支持、配合资源,等等。

代理商资源更是被代理的电梯生产厂家已有的宝贵财富,目前国内生产厂家大多实行代理制,就电梯从业人员方面看,代理商队伍的人数已远远超过生产厂家的员工数。这些大大小小的电梯销售和工程公司遍布各地,活跃在市场,是电梯销售赖以生存的支柱,是不可或缺的伙伴,也是企业不断发展壮大的生力军。代理商资源包括:信息资源,品牌宣传、维护资源,客户关系资源,当地政府及相关部门关系资源,市场拓展和项目管理资源,销售安装维保人力资源,工程配套技术辅助资源,等等。

外部资源主要有:政府资源(政策、法规、标准及行业规范);政府及相关部门资源(国土、建设、规划、金融、环保、工商、税务等);业内同行资源;亲朋好友资源;已有客户及潜在客户资源;其他社会资源;等等。

如何整合利用现有资源,这是对电梯销售人员综合素质和能力的又一个考验。销售人员首先要对上述资源做到心中有数甚至如数家珍。其次,要在遇到实际问题时能够调动相关资源,及时地将资源加以利用。

资源的合理调配和充分利用极其重要,尤其是内部资源,它虽然是所有销售人员可以共享的,而且电梯销售的全过程对这些资源随时都有需求甚至必不可少,但也有利用的客观限制性。特别是大品牌、大企业,资源管理规范严格,大多须由流程控制,这就更需要销售人员能够有资源利用预案，并有很强的沟通协调能力，使资源能够方便、快捷、高效地为销售一线所用，不至于造成资源的浪费和错位，否则，无异于围棋中下出的"恶手"和"昏招"。

外部资源也是相当重要的，有些甚至必不可少。外部资源可能随时带来机遇和财富，应通过主观努力使其成为关系资源。只有不断地培植、拓展并加以维护，外部资源才能源源不断地产生。然而，没有较强法律意识和严格自律的销售人员是不可能正当获取和正确利用外部资源的。

无论是内部资源还是外部资源，所有资源的核心都是"人"，整合和利用资源的核心也是"人"。所以，现代电梯销售对团队协作的要求越来越高，每个销售人员随时都必须注意个人能力和团队实力的有机结合，只有如此，销售资源的能量才会得到最大发挥，销售人员的能力也才能发挥到极致。

"棋手"的为人之道
——面对客户的技巧

下围棋要讲棋品,棋品实际上就是做人的人品,俗话说棋如其人。优秀的电梯销售人员同样是"要做事,先做人",对自身修养和综合素质的要求必须很高。拜访客户是每个销售人员永远的主题,但不同行业的销售人员要面对不同的客户群体。电梯销售的客户群体有哪些特点呢?通常我们需要接触和必须接触的对象有:企业家(董事长、总经理),职业经理人,政府部门行政长官,项目负责人或经办人,工程技术负责人,土建、设计单位负责或经办人,招标单位负责或经办人,电梯专家、评委,同行业内人士,与电梯相关的社会各界人士,等等。由此可见,电梯销售的客户群体的层次相对较高,这对销售人员的自身素质和知识面就有很高的要求。这也是很多电梯公司销售管理层觉得很难招聘和培养优秀的销售人员的主要原因吧。全国围棋甲级联赛对人才的争夺异常激烈,不少队不惜重金买进像李昌镐、李世石这样的世界超一流棋手以增强团队的整体实力。电梯销售也同样要重视人才的引进和队伍整体素质的提高。

正如围棋的训练和比赛要相结合一样,销售精英的培养和队伍建设也必须加强培训和实战相结合,掌握必要的面对客户的技巧。因此,就需要对电梯销售的客户群体作一些分析。

1. 学习型客户

此类客户多半对电梯不太熟悉,以前没从事过电梯的采购、安装、使用和管理,现在因项目需要边干边学,他们虽不懂电梯,却有机械、电器、土建等方面的知识,他们希望对电梯有更多的了解,并通过了解不断深化电梯知识,从而为即将到来的电梯选型和采购决策做准备。对此类客户,要本着相互学习的态度,不可盛气凌人,以"专家"自居。可采取先入为主的方式,侧重于介绍技术服务,将卖点隐含在技术交流和服务之中。

2. 专业型客户

此类客户都是电梯行家,他们或是从事过电梯行业的工作,或是在众多的项目操作中多次采购、安装、使用和管理过很多电梯或多种品牌的电梯,对电梯的熟悉程度很高。这样的客户,更关心的是你所推荐的电梯品牌的性价比、技术特点和对其项目的适应性。此类客户提出的问题都比较专业,但也可能从自己对某一品牌的认知度出发提出有失偏颇的要求。对此类客户,应在拜访前做好充分的准备,有条件的可与工程技术人员一同前往。交流中,虚心十分要紧,尽量寻求共同话题,善于引导客户接受自己品牌的卖点,同时适当拓展交流面,把品牌、企业的闪光点展示出来,在客户与销售人员之间形成专业交流和切磋的氛围,这样的沟通和交流会更加自然和能够逐步深入。

3. 认同型客户

此类客户和上述两类客户时有交叉,特点是对某一品牌和公司乃至销售人员有程度不同的好感和认同。这是因为客户事先对这一品牌有了一定的认知,接触销售人员或乘坐该电梯后印象都不错,因此有初步合作和进一步加强接触、增进了解的愿望。此类客户比较容易接近,销售人员应适时抓住机会,在进一步扩大卖点优势和宣传企业的同时加强感情交流,用自身的人格魅力和诚信加深对方的好感,使客户在了解的基础上成为好朋友。

4. 普通型客户

此类客户属于中规中矩型,虽多半没有决策拍板权,但处于上传下达的经办地位,做事严谨,讲究原则。搜集资料、核对土建、考察样梯、向上汇报等,虽有个人倾向,但不愿明显张扬,遇事按程序走。对于此类客户,最要紧的是能够获取信任。坦诚、尊重、多沟通和服务是关键。要循序渐进地加深了解,不能急躁冒进,更不能当着他的面越级公关。与此类客户关系处理不好,往往会产生适得其反的效果。此类客户看似普通,实则重要,关系处理得当,向认同型客户转型也不是不可以做到的。

5. 片面型客户

此类客户对电梯未必很懂,但很自信,他们往往对别的某种或几种品牌有好感,但却不能很专业、很客观地了解那些品牌的特点和竞争优势,只是凭有限的接触或感受。这类客户有的比较固执,对我们的品牌和企业缺乏应有的了解和对产品、配置、技术、性价比及售后服务还没有进行深入的比较,也不太愿意接触和了解我们的销售人员。这就更需要耐心,要想方设法通过诸如邀请考察、看样梯、送视频光碟和功能配置技术规格表等能证实企业规模、实力及品牌卖点、产品技术含量的"证据",以实在的东西和体现在销售人员身上的职业精神去感化客户,"精诚所至,金石为开"。能使这类客户"转轨变型"成为朋友,是销售人员成熟的标志,也是优秀销售人员能力的体现。

6. 排斥型客户

遇到此类客户着实有些麻烦,因为他们明确抵制和排斥我们。他们可能早已认定其他某一品牌了。推测其深层次原因主要有:一是他的确认定了一个好品牌并且在过去接触我们的品牌时有过不尽如人意之处;二是受行政、人际关系干预或利益驱使;三是竞争对手抓住我们的某些弱点进行的"攻击"在客户面前起了作用;四是我们的销售人员在前期接触的某个环节出了问题;等等。对于这类客户,应该在排除或化解上述深层次的那些因素上下工夫,争取理解和支持。但也不要过于强求。

下面从客户层次上加以分类:

1. 决策层

决策层指客户单位的老板或一把手(法人代表或职业经理人)、政府部门负责人或项目负责人等。这类客户无论是个人决策还是集体决策,都是电梯买卖能否做成的决定因素。

2. 股东层

股东层指股份制企业的大小股东。这类客户大多同时担任企业的重要职务或项目负责人。这类客户虽不能直接拍板,但他们是围绕决策层和最能对决策施加影响的人物,是电梯买卖能否做成的核心因素。

3. 管理层

管理层指客户单位各相关部门负责人。如总工程师、副总经理、采购部或工程部经理、基建办主任、财务负责人等。这类客户只要和项目挂钩,也有相当的影响力。更何况期间不乏老板信任的人。因此,他们也是电梯买卖能否做成的关键因素。

4. 经办层

经办层指客户单位的项目具体经办人。这类客户职务不高,权力不大,但作用不可小视。他们既有可能是"摆设",也有可能是决策层的"眼睛"和"耳朵",负责收集资料、报价、考察、分析、比较并向上汇报,对决策导向有一定的影响。对这类客户,必须与之建立稳定的工作关系,他们也是电梯买卖能否做成的重要因素。

5. 中介层

中介层并非客户单位人士,而是与客户单位有一定或相当关系的朋友、介绍人或合作关系人。这类人物有一定能量,但其目的各有不同,有纯属推荐帮忙的,也有想从中

获利的。对于电梯销售人员来说,应对这类人物的身份、社会地位、与客户单位的关系及其目的有所了解。这类客户有可能带来意外的惊喜,所以,也是电梯买卖能否做成的不可忽视的因素。

其实,面对客户也和围棋比赛面对不同水平、不同风格、不同心理、不同体质、不同经历的对手一样。不同的是,围棋追求的是最终战胜对手取得比赛的胜利,而电梯销售人员要赢得的是客户的理解和信任,最终要获取的是"三赢"的订单。销售人员不但要战胜对手,还必须战胜自我。

功夫在棋局之外
——建立和维护客户关系的技巧

1. 服务是打开关系之门的第一把钥匙

不管是通过什么关系认识的客户,要想建立友谊和合作关系是没有捷径可走的,从交换名片的那一刻起,就必须扎扎实实地用务实的精神、诚信的态度,以服务作为切入点(以技术服务、售前服务为主),开始与客户从陌生到相识到熟识到相知到认可最后到朋友的历程。朋友是要用心去交的。必须牢记的是:尊重的回报是尊重,服务的回报是信任,沟通的回报是理解,执着的回报是成功。

2. 诚信是建立关系的坚强基石

电梯销售因其价值高、周期长、专业性和安全性要求高等特性使得客户对我们的信任度要求也非常高。因此,要取得客户的信任是很不容易的。它要求电梯销售人员必须懂得"要做事,先做人"的道理,把"诚信"二字作为安身立命之本,在与客户的接触和交往中,既不能做表面文章,也不能信口开河,更不能弄虚作假。要知道,你的一言一行、一点一滴,客户都可能看在眼里,并很自然地把它与你的诚信度联系起来。所以,我们还应该明白的是:诚信的回报是诚信,也是与客户建立关系、保持关系的基石。

3. 沟通交流是增进了解、加深友谊的桥梁

在客户面前,我们的电梯销售人员首先应是企业、品牌的形象代言人,其形象、气质、语言表达能力和有无亲和力等会给客户增加或减少印象分。当然,客户不至于以貌取人,但第一印象十分重要。所以,我们要注重自身的衣着、仪表、态度,在举手投足间充分展示自身的素养、品位和人格魅力。了解要通过沟通,感情和友谊要通过交流。通过逐步了解对方的兴趣、爱好、人生观和价值观以及对合作的需求,寻找更多的共同语言,争取认同感和认知度。毫无疑问,只有成功地推销了自己,才有资格去推销产品。

4. 沟通交流的目的

不可否认,我们与客户沟通交流、广交朋友是有目的的。那么,我们的目的是什么呢?有以下几点:一是要让客户变得更"明白"。就是让客户对你推销或代理的品牌、产品,你的企业或者你代理品牌的企业由原来不了解或不甚了解到比较了解或十分了解,也就是说:变得"明白"了。二是要让客户变得更"经济"。就是通过沟通交流最终让客户切实感受到提供给他的产品质量好、价格合适。使他们感觉到如果与你合作是以最经济的代价买到了最适合他们项目所需的电梯产品。同时,也能够证明他们的选择不仅是正确的,而且是物有所值的。三是要让客户变得更"亲切"。通过感情交流,增加了客户的信任度,使之愿意接近你,从

而产生朋友般的"亲切"感。四是要让客户变得更"认同"。通过真诚相待和不懈努力,使客户不仅接受了你和你的销售团队,而且认可了你推荐的品牌和产品,有了较强的合作意向,甚至对竞争对手产生了排斥性。这种认同感是来之不易和必须珍惜的。五是要让客户变得更"朋友"。通过销售人员的努力,与客户建立起朋友关系,从而达到相互信任、相互帮助、共同发展的境界。

要达到上述目的,需掌握方法和分寸,如果一开始就让客户对你的动机产生怀疑,那么良好的愿望和上述目的就有可能落空。所以,得有一个过程,而在这个过程中,要能够做到:

切入轻松自然,气氛融洽和谐。
语言文明礼貌,力求活泼幽默。
服务放在首位,侧重技术含量。
把握循序渐进,交流诚恳谈心。
要有耐心倾听,体现诚信双赢。
多为对方着想,合作与时俱进。

5. 客户关系的维护

客户关系虽已建立,但维护并不断加深这种关系是很不容易做到的。因为客户和我们都有各自的工作氛围和生活、社交圈子,同时,因交往的动因和双方的需求都有强烈的商业色彩,因此,客户对我们在一段时间内持有戒备心理是很正常的。只有通过不断接触,渐进地沟通和交流,让客户感受到我们的诚信和魅力,才能不断加深友谊和信任。

在平时交往中,一要保持畅通但又是很有分寸的通讯联络;二要在事先约定的前提下做经常但适度的拜访;三要善于在细微之处体现朋友般的关心和帮助;四要及时满足客户在项目操作中提出的与电梯相关的技术服务和售前、售中、售后服务的合理要求;五要善于调节与客户交往的气氛,比如组织公司培训交流、体育比赛、卡拉 OK、舞会等。对客户高层进行适当的商务宴请、组织考察甚至喝茶、喝咖啡、运动休闲等也是必要的。不少电梯销售人员说要对客户"投其所好",但不可能也不应该有求必应。投其所好应是:投其积极、健康、进取和发展、双赢之好,想其合理、合法、合规之想,做对其有礼、有节、有利之事,只有做到这些,与客户的关系才能得到很好的"维护与保养"。

6. 与客户交往的忌讳

在与客户的交往中,有很多方面是要加以注意的,有些方面则是非常忌讳和绝对避免的,例如:粗俗语言和不懂礼仪;酗酒赌博等不良嗜好;不讲场合地死缠烂打;金钱美色涉嫌商业贿赂;一味枯燥单调的演讲;低三下四的吹捧奉迎;自相矛盾的表里不一;轻率表态的信口承诺;利字当头的主观臆想;贬低对手的唯我独尊;不懂装懂的弄巧成拙。以上诸方面如不加注意,都可能酿成苦酒。

围棋是一项很儒雅的运动,棋手绝大多数讲究棋品、棋风和棋德。这些尤其值得电梯销售人员学习和借鉴,特别是在与客户交往中更是如此,也唯有如此,才能赢得客户的信任和尊重,才能与客户长期保持良好的关系。

官子篇

　　围棋激烈的中盘战斗后不外乎有两种结果：一是对弈的一方完胜，对手投子认负；二是形势还是不明朗，胜负未见分晓。那么，接下来将进入更关键的收官阶段。很多高手都能在此时显出真正功力，稳扎稳打，最终以细微的优势取胜。

　　电梯销售的情况也一样，通过中盘篇的叙述我们可以充分感受到销售人员面临的压力和挑战，电梯销售的"中盘"任何一个环节出现问题和差错，都会导致客户关系的损害和项目运作的失败，从而前功尽弃，造成资源浪费、销售成本增加以及对品牌声誉度和市场占有率的负面影响。这显然是我们不愿看到的。当然，这里可能有复杂的客观因素，但作为一名优秀的电梯销售人员，首先应当避免主观出错，其次还应当牢固树立"谋事在人,成事也在人"的理念。和围棋有所不同的是,即使电梯销售取得了"中盘"胜利,即获得了合同订单,却还必须仔细"收官"。

俗话说得好:编筐编篓,重在收口。因为电梯本身的特殊性决定了合同的履约包括安装、运输和维修保养。而客户在与销售人员长期的接触中已经习惯所有的问题都首先要找销售人员(特别是在销售合同上签字的销售单位的法定代表人或委托人)接口寻求解决。这无疑也是电梯销售人员的责任和义务。所以,电梯销售的"官子"阶段不容忽视。

按照目前市场电梯销售的实际状况,我们可以把电梯销售的"官子"流程归纳为:合同评审,付款生效,排产发货,运输安装,调试免保,验收交梯,应收款项等。

其实,这些流程的大量工作并不是要求销售人员来做,绝大多数工作要由工厂销售支持的相关部门、财务部门、生产发运部门、运输单位、区域或分公司、代理商公司、安装单位、调试人员、维保人员等来完成。但销售人员必须对各主要环节加以关注,这既是确保合同履约顺利和电梯销售完整性的需要,也是维护企业、品牌形象和可持续发展,维护客户(特别是长期、战略合作伙伴)关系的需要。所以,电梯销售"官子"阶段的重要性就不言而喻了。那么,销售人员要关注的应该是哪些环节呢?

"收官阶段"的关键环节
——合同评审的关注点

当与客户的商务谈判取得最后成果,客户已经决定与我方签订合同的时刻,也就类似围棋完成了续盘的最激烈争夺而进入了官子决胜阶段。此时,电梯销售的"棋局"还远远没有结束,还必须更加小心谨慎地走好"官子"的每一步,否则,任何事情都可能会发生,销售实践中,因后续工作出问题而导致客户变卦或订单流失的情况屡见不鲜。而此时最要紧和最大的"官子"是认真做好合同的评审和确认。

1. 合同草签之后,销售人员首先要根据厂家的销售政策和与客户商务谈判的结果仔细核对合同文本

这指的是对合同进行预评审。预评审的准确可靠与否至关重要。要求合同草案条款清晰,信息齐全,价格标的准确无差错,交货期和付款方式等关键条款符合约定,技术规格表的填写清晰、规范,相关附件完整等。

2. 预评审工作应该在客户签字盖章前完成

厂家分公司、区域与销售支持、合同管理部门及代理商要密切配合,而具体的销售人员则要把协调、经办工作做到最好,效率做到最高。还要尽量使问题在合同正式签订之前与客户达成谅解。商务和技术确认力求一次完成,避免重复磋商引起客户不满。

3. 合同成交价格和相关条款如已超越厂家规定的权限,就需要销售人员逐级上报使之进入特批程序,待批准后执行

4. 流程跟踪,确保进度

合资公司和大品牌电梯公司的合同评审规范细致,大凡商务、价格、技术、法律、安装及售后服务等条款都有专门的部门和人员来把关,还要各级责任人签字认可,如果业务繁忙,评审周期可能会较长。目前,大公司已普遍开始采用软件系统以电子评审来提高效率和使之更加精确规范,即便如此,也要求销售人员及时有效地跟踪,因为合同评审速度不仅关系客户满意度,有时甚至会因拖沓和沟通不畅而导致客户变卦的严重事情发生。

如果上述四点能够做到位,那我们就下出了第一手漂亮的"官子",甚至是奠定胜局的收官之举。

极易翻盘的"官子"
——用户付款的关注点

棋局的胜负,是由盘面活棋占据的地盘或者说"目数"的多少来判定的,可能的胜方要计算已经或正在收获的实际利益是否足以取胜,棋局尚未结束特别是官子决胜的棋局,棋手必须把实际收益放在最重要的地位来思考,该收进的一定要收进,不能有丝毫的懈怠。销售的付款环节也是如此,千万不能认为反正合同的约定已经成立,客户付款可以顺其自然,特别是合同的"定金",销售人员一定要明白,如果客户签了合同未付定金,在目前中国的市场环境下,合同几乎等同于一纸空文,再说法律也不保护没有"定金"的合同约定。所以,这个"官子"同样非同小可,绝不能有丝毫马虎。

从流程上看,合同正式签订后,根据电梯行业的一般惯例,客户要按合同约定支付设备价比例不等的定金,厂家收到与合同规定数额一致的定金后确认合同生效。在客户付款前,销售人员要向客户提供准确无误的账户信息和单位全称。客户付款时要与其确认付款时间、金额与合同是否相符并确认款项到账的具体时间，以便把握合同履行和排产、制造期的进一步协调。同时，还要根据客户要求开具收据或发票（一般发票在合同款项付清后一次开具）。只有上述工作落实到位，公司收到合同约定的款项，这一重要的官子才算收到。

必须精确计算的"官子"
——排产发货的关注点

完成了上述关键"官子",胜局显然已在掌握,但毕竟棋局没有结束,还没有到最后数子判胜负的阶段,还必须继续"收官",更何况后面还可能有"官子"的变数。这些工作对于合同履约能否圆满以及能否保证己方合同收益、品牌形象和市场口碑提升甚至能否带来后续项目等,都会产生直接或间接的影响,所以还必须在精确计算的基础上扎实走好每一步,把该收的"官子"收得天衣无缝,不给客户增加任何后顾之忧,同时也不给竞争对手以任何可乘之机。这些"官子"要紧的就是排产发货环节。

工厂(合资大品牌电梯公司大多如此)一般都要货款收讫排产,这就要求电梯销售人员保持对客户方履约情况的关注和进行紧密联系。客户付出提货款后,同样要确认合同金额和交货期限,并与工厂制造部门核对实际生产周期能否确保交货期。对配方和排产的流程进行跟踪,以确保按时发货。如属分期发货,则要对批次、数量、梯种、型号、支付的款项等进行核准并与合同对应。这些工作对于销售

人员来说，并不需要多少技巧，需要的是责任心和敬业精神。值得重视的是，这并不单纯是履约和维护企业、品牌形象问题，还是法律问题，如协调脱节造成排产不及时延误交货期，就要承担违约责任，造成不必要的损失。在这一收官阶段，要避免出现"昏招"。

"核心的官子"抉择
——运输安装的关注点

接下来的"收官"应该是属于流畅的既定收官,就是在己方先手的情况下一气呵成收进的"官子"。换句话说,你不去收,别人要是替你收掉,说不定就会"出棋"。在这个时候掉链子,就太有点不值得了。这时的"官子"就是运输安装环节。销售和下棋一样,"完胜"才是最理想的。

运输方面:电梯运输有其特殊性,例如自动扶梯都是整体运输和吊装,为了避免二次吊卸,国内无论远近,电梯、扶梯大多采用公路汽车运输。再就是尽管合同规定运输都由乙方(厂家或代理公司)负责,但都是由厂家或代理公司代办,委托专业物流或运输公司运输。销售人员须与公司或运输单位协调,掌握发运时间、路线和到货时间并明确客户单位的卸货地点。货到查验无损后,要按合同及时收取运费。

安装方面:销售人员很有必要了解安装队伍的基本情况,应该有安装队负责人的联系方式。还要了解客户单位工地施工进展和现场安装条件及安装队进场时间、安装周期、安装质量控制基本流程等。这样,协调起来才会得心应手,双方的履约也会有进一步的保障。

现实中,销售人员因能力和责任心不同,处理问题的方式和结果也不尽相同,对己方利益的维护程度也会截然不同。棋手可以从棋品看人品,同样道理,销售可以从做事看做人,没有高度的责任感和敬业精神,无论是下棋还是销售都是不可能做好的。

提高胜率的"官子"
——调试免保的关注点

对弈中,在对手尚未"投子"认输和裁判还没有开始数子的情况下,说明棋局仍然没有结束,棋手应该认真走完剩下的官子,通过自己的完美表现赢得对手的尊敬。

电梯履行合同已经进入安装调试阶段,看起来销售人员关注不关注似乎不会影响销售工作本身,其实不然,它依然与销售紧密关联,因为电梯虽然已经安装完毕,调试效果如何对电梯使用效果非常关键。销售人员关注调试效果,在与客户沟通履约进展时可掌握最准确的工地信息和工程进展以及安装质量信息,同时对可持续的合作将至关重要。如果我们的每一个项目都能建成样板工程的话,我们的品牌口碑和市场占有率就会大幅提升,销售业绩也会越来越好。与此同时,电梯的免保期限及责任人也值得销售人员关注,因为它不仅是售后服务的主要环节,还牵涉到质量保证期满后按合同收回质保金和应收款的问题,这也是电梯销售人员很重要的一项工作,可看做是销售"官子"技巧的必要着手。

接近胜局的细棋"官子"
——验收交梯的关注点

验收交梯也是要收的"官子"。电梯验收并领取当地技术监督局颁发的安全运行合格证,这既是电梯安装完工后移交给客户时必须履行的法律手续,也是通过了由政府权威专业管理部门对电梯是否符合国家颁布的相关安全技术标准和质量标准的强制性检验证明。电梯销售人员应该关注本公司与技监局的工作关系,关注验收时间、验收结果和合格证的领取,从而顺利完成履约过程我方的最后一项责任和义务。同时,在通过验收正式移交客户之前,应对照合同全面检查双方履约情况,如客户方在付款方面尚有尾款未付清,应在收回后交梯,否则,应要求客户书面明确付款期限(必须是双方协商并且是经销售人员上级认可的)后再行交梯。这项工作的技巧是要能够做到对客户有礼有节,既要按合同坚持原则,又要注意表达方式和方法。

由此可见,这样的销售"官子"也是马虎不得的。

能否完胜的对局考验
——应收款项的关注点

在目前的市场环境下,信誉危机客观存在。少数电梯采购单位因各种原因拖欠款项的情况时有发生。这也给双方合作投下了阴影。据悉,近几年各家电梯公司应收款大幅上升。这给日益激烈的竞争环境下的电梯公司及其代理商的生存和发展构成了威胁。它还在某种程度上助长了恶性竞争,滋生腐败。此种现象已引起各大合资公司和较大的电梯厂家的高度重视,正努力从源头上杜绝这一现象,在合同付款方式上普遍收紧,宁愿在价格上做出最大让步,也要保证货款及时回收。而作为电梯销售人员,应该明确企业发展的大方针并坚决执行公司的销售政策。从操作项目一开始就要防止应收款的发生。对已经产生的应收款,例如质保金和应付款的数额、到期时间和应付期限、收款渠道和接口人,以及合同约定条款和违约责任等都要掌握,并与客户保持不厌其烦的接触和沟通,同时应注意收集欠款方的文字承诺和还款计划,防止产生坏账。对于极少数"老赖",则应在反复工作无果的情况下诉诸法律。这也要求我们的电梯销售人员要了解相关法律程序。

当最后一笔应收款到账后,我们的销售棋局才会以己方的"完胜"而精彩收枰。

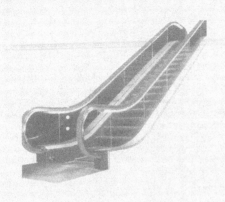

电梯销售典型案例

在长期的电梯销售实践中,电梯销售人员经历了很多故事,有些故事极其精彩并带有普遍性,也使人更感觉电梯销售和围棋的精神是如此的契合。通过对一些故事的提炼,形成了以下几个典型案例,并以围棋的道理对这些案例进行了点评。

以下案例中的人名、厂家品牌名称以及项目名称和时间等均属虚构。

电梯销售典型案例一
白刃战演绎残酷竞标中的智慧胜果

项目招标背景：位于某自治区首府标志性大型时代广场，地处市中心黄金地段，占地3.6万平方米，主楼32层，裙楼6层，需采购电、扶梯49台。项目动工后年轻干练的女代理商P经理已跟踪一年半，眼下工程裙楼已封顶，主楼超10层，7月发布招标信息，8月16日正式招标。竞争对手经过几轮筛选只剩下S公司、R公司和D公司这三家强劲的"老冤家"。

1. 知己知彼了解项目运作的价值

通过深入跟踪接触发现：甲方为民营股份制企业，有三个股东，Q董事长为第一大股东；项目负责人大W总经理和公司技术负责人小W副总都是小股东，值得注意的是大W曾在当地R品牌代理公司做过电梯销售副总，与此次竞标的R电梯公司有藕断丝连的关系。而R公司为当地独家代理，在政府和商界有广泛的人脉基础，电梯市场占有率也一直为当地龙头老大，此前，该公司老总H就已经在同行面前摆出志在必得的架势。同时，该项目与某一线城市知名大型商业零售企业已协议在项目建成后合作经营。该零售企业方面虽有资金注入但不参与前期开发。另又得知，该公司财务副总系董事长妹婿，技术权威—Z姓女副总工（项目技术负责人）是董事长亲信。

该项目梯种综合典型，具有极强的样板意义和地区销售的战略价值。项目为甲方自行招标，一轮内部评标议标，二轮厂家公开竞标。

2. 深入分析促成对路的策略

我方X品牌总公司对此项目给予了相当的重视和支持，以代理商P经理为主操作，分公司经理配合，大区总经理也指示要全力以赴，必要时随时出马。

针对获得的信息，我们随着项目进展不断深入分析：主要竞争者锁定在S、D、R、X（我方）这四家电梯公司。因特定的人际关系，R公司无疑是我们的最大威胁。基于对方是代理商投标，我方能否调整思路，说服甲方一律以厂家名义公开竞标，如此方案成立，则对手的现有优势将大幅缩水。同时，我们认为大W副总虽有一定影响力，但他有顾忌必然会避嫌。再就是在我们已和甲方项目经办人建立良好关系的基础上争取在招标文件起草时搭建一个有利我方的产品方案和技术平台，突出我方关键部件进口件的含量和交货期及售后服务的优势。从这一角度结合客户楼盘的实际使用需求以及客户档次品位要求综合考虑，决定推荐产品：S商用苗条型扶梯、91型变频高速客梯、星光型商用客梯、豪华型钢带传动观光梯以及F型变频货梯。此产品方案的核心是高速客梯,虽然主机进口,但性价比很高。因此我们将在了解对手价格水平的基础上使报价下浮率不超区总权限而保证入围。设备拟采用由代理厂家直接与客户签约,安装经销。此阶段入围选择性报价拟在甲方截止时间1小时前密封报出。

通过上述分析和思考,落实到行动上的销售策略是:技术服务先行切入,项目跟踪按甲方程序走,在公开场合对客户原则上不越级拜访,绝对避免股东之间的相互猜忌,同时也防止给竞争对手的支持者以口实。工作重点立足与Z总工为代表的项目具体经办层交流沟通,力求使这个层面的上流认可我公司品牌及产品卖点,在其搭建招标技术平台时尽可能靠拢或接近我产品的标准和配置,并争取在交流中提前融入我方标书合同相关格式内容,达到先入为主的效果。

3. 灵活得体公关　摆正客户关系

主攻关系对象当然是董事长,颇有社会资源的代理商P经理通过其关系切入,利用其对我品牌较认可和对自己为人及做事风格已产生好感的有利因素,力促董事长对工厂进行了一次较保密的非正式考察访问。

对于两位小股东,我们格外谨慎,对大W总,基本是在尊重的前提下公事公办,因其忌讳谈R品牌,我们在整个项目跟踪及招标过程中都绝对不议论竞争对手尤其是R品牌。同时在与甲方接触中反复赞扬其管理层团结,有亲和力,做事能够公开、公平、公正。我们希望的效果是他至少不便公开支持 R。对小 W 副总我们则通过 Z 总工把我们售前实实在在的技术服务及我们的工作态度及时汇报给他，使他逐步加深对我方的好感。

同时，我们还重点做财务副总的工作，说来也巧，他也是个围棋爱好者，我们以棋会友，经常对弈，趣味相投且十分自然。休闲中已了解其公司实力、资金来源甚至其管理层之间的一些关系，收到了事半功倍的效果。

至此，我方对客户工作已处于较有利的态势，于是趁热打铁，在董事长首肯后，力促以大 W 总带队，Z 总工和财务副总一行在第一轮入围后正式对总公司进行了考察，考察效果很好。

4. 白刃战的残酷竞标演绎精彩智慧

为体现公正，第二轮甲方要求厂家公开竞标。并特意要求四个厂家必须由厂方代表持法人委托书到竞标现场（我方为总公司××区域 W 总经理，R 公司为该厂销售总监，S、D 公司都是分公司经理代表）。同时，甲方还要求标书中的价格、技术规格、土建图、功能表、配置表、常用备品备件表等均必须在竞标前提供由厂家盖章的原件（提前三天通知）。

竞标当日，气氛紧张。甲方要求各厂家代表在所有盖章的表格及两个半月必须安装完具验收条件的承诺和各家第一轮标书上签字时，R 公司总监因当地总代理自行在标书上做了一些厂家无法接受的承诺而犹豫了很久。

竞标会由甲方大 W 总主持，他在客套致意后强调了此次招标的公开公平和公正性。接着各厂家代表有10分钟的陈述。轮到我方代表发言时他表现得特别谦虚和低调，他说：此次招标是我从业以来没有遇到的形式，甲方让我们同行公开坐在一起竞争，本身就证明了其公正性并富有创意，这将使其获得最大的性价比收益。我们今天参与竞标的无论谁家中标，都应该请大家喝酒，我相信这既是分享成功的喜悦和预祝合作愉快，也是共同品味竞争的苦涩。这一表态赢得所有与会者的掌声和笑声，使原本严肃的有些窒息的会场一下子活跃和轻松了许多。

竞标开始，甲方宣布：起竞价为各厂家第一轮投标的最低价（R公司最低，我方高出其20万列倒数第二，D公司最高，S公司次之）。要求各厂家代表依次举手竞标，5万元为一轮，最低价中标。甲方够绝的，竟效仿拍卖公司倒过来由高往低"竞拍"，这样的竞标出乎所有厂家的意料。

S公司首先因价格无法再降和不能满足交货期宣布退出；D公司在三轮降15万元后无法再降退出；R公司在顽强举过七轮、降35万后起身祝贺我方竞标成功。我方预先测算的底线也至多再撑一轮，此时细心的人会看到我方代表的额头已渗出晶莹的汗水。

后面的事情就既轻松又顺利，中标通知书即日下达，三天内签合同。评审期一周，一次性支付货款95%，安装50天左右完工，质保期18个月。

该项目电梯投入使用后，为在该自治区确立和提升我方X品牌及公司形象和市场地位起到了至关重要的作用。

此案例的典型意义首先在于信息准确、分析到位,用围棋的语言解释就是布局定式选择针对性强,形势判断准确,落子有力,对对手了解深入,见招拆招,应变灵活,关键时刻敢于出手。在此基础上,适时恰当地制定可行的销售策略和方案,也就是在这盘怪招迭出的竞标棋局中有效把握了局面变化起伏的脉络,搭建起有利于己方的平台。找准了技术服务先行的切入点,在销售活动中,客户关系处理得准确贴切而深入,对自身品牌定位和面对竞争对手时做到了大气和得体,既顺应了客户的采购管理流程,又充分利用和发挥了自身的竞争优势。这盘竞标之棋下得飘逸潇洒,行云流水,尽管客户在招标中打破惯例使出绝招,但我们按正确的思路行事,不怕对手放出胜负手,在这场几乎是白刃战的激烈竞标中审时度势,稳健落子,直至对手推枰告负。

电梯销售典型案例二
综合表现获胜,艰难并快乐着的销售

项目简况:南方某省偏远山区某企业(原国有三线工厂改制)办公商住楼,需购客梯 6 台、货梯 2 台、扶梯 12 台。项目进展顺利,资信状况良好,定货在即。

关键人物:法人代表崔董事长,常务副总兼财务总监刘总,工会主席兼项目负责人梅经理(女)。

竞争对手:合资品牌,国内行业排在前列的企业。

采购形式:内部议标。

项目跟踪操作人员:国内一线 X 品牌该省地区代理公司成经理和龚销售员。

1. 拜访客户的艰辛

该工厂地处距该省一偏远县级 J 市约 30 公里的山区小镇,公路只通到 20 公里处,剩下的路只能走拖拉机和机动三轮车,交通极为不便。该项目的办公室设在 J 市,梅经理大部分时间在此办公,小部分时间在工厂里;刘总虽然在工厂办公,但公务繁忙,经常出差;崔董事长更是神龙见首不见尾,几乎不在工厂办公。据说他还是地区人大代表和 J

市政协委员。虽然其行踪很少有人知晓,但神通广大的成经理还是掌握了董事长家庭住址,就在小镇的东街。前期自然是龚销售员辛苦,每次拜访梅经理总要多次电话预约,先从公司所在的W市乘3小时火车到J市,如梅经理在工厂,再乘中巴车到距该厂20公里处,换乘机动三轮车颠簸10公里到厂。不利的是梅经理对竞争对手S品牌有明显倾向,主观上只是把X品牌作为陪衬,沟通难度可想而知;刘总前期对成经理他们不够了解,总是不愿深入洽谈,多次拜访进展不大;对董事长的拜访只能寄希望于直接到他府上蹲守了(好不容易取得他夫人的首肯)。最令人难忘的是崔董家院内一前一后养了两条军用狼狗,虽都用铁链锁住,但遇陌生人进院,狂吠之余能一跃而起,成经理他们想起来至今都心有余悸。这样的项目跟踪持续了4个月左右,往返20余趟,其中成经理与龚销售员一起拜访5次,小龚自己拜访10余次,和技术人员在工地现场往返6次,与设计该项目的设计院人员接触3次。该项目的客户拜访就是在如此艰难的情况下进行并取得最终成功的。

2. 正确对路的销售策略的形成

针对该项目的特点,成经理和小龚分析认为:该项目远离城市,但该企业在当地却是经济支柱和形象代表,决策者非专业房地产开发商,没有采购、使用、管理电梯的经验,却都是大型制造企业的管理者,企业经济状况较好,资金充足,使他们有实力追求项目的较高档次和关键设备的品牌效应。价格和付款的难度相对不大。竞争对手层面比较平均,彼此比较知根知底。但对方已有捷足先登、先入为主的优势,特别是S公司还通过地区关系给崔董打招呼推荐。因此,我们的销售策略应该是:

(1)必须想方设法后来居上,而勤奋、服务、诚信和智慧是后来居上的必要条件;

(2)充分展示品牌效应,以主机进口等较高配置体现性价比;

(3)三个核心人物必须按不同侧重点分别做工作。

其中对梅经理,重点是以售前细致、周到的技术服务感化她,以工整完善的资料、报价文件体现规范和品牌档次,以熟悉市场游戏规则和行业知识说服她改变倾向;对刘总则以成经理出面交流为主,突出强调项目的设备选型和最终的财务把关,同时以品牌卖点使其感受性价比优势明显,最要紧的是在其面前体现诚信和风度,客观、含蓄地提醒他防止竞争对手的误导和其部下可能存在的偏向;董事长是一锤定音的人物,同时又很难见面,一定要在其拍板前关键时刻求得一见,见面时,必须抓住有限的机遇,简洁扼要,单刀直入,展示自身卖点,突出性价比优势、服务意识和品牌市场占有率,并邀请其合适的时候考察工厂,力争赢得这最为关键的一票。

3. 商务礼仪提升感情

在该项目的跟踪过程中,成经理和小龚十分注重商务礼仪,服装得体、举止文雅、语言谦虚、语气温和、语调适中。对称呼也很讲究,比如分别拜访时,成经理称呼"梅经理",

小龚则称其为"梅大姐";小龚称"刘总",称刘总夫人(40岁左右)为"阿姨",而成经理在熟悉之后将"刘总"改称"刘哥",称刘夫人为"嫂子";对崔董事长则统一称"崔董",对其夫人称"崔夫人"。赠送礼品也作了精心的考虑,既不能有行贿之嫌,又要有品位和意义,还要考虑其乐意接受。比如得知崔董喜爱垂钓,便准备了一根不带鱼钩的精致海竿赠送,寓意应走出池塘江湖,到大海中垂钓,同时暗喻姜子牙直钩垂钓的风范,告之合作本是双向选择的意思,果然收到了预期效果;梅经理喜欢喝茶,成经理刻意送了一份苦丁茶,并在与之沟通中感叹市场竞争之激烈,引起她的共鸣,从而缩短了感情距离;刘总喜欢书画,成经理在与其沟通有了一定基础后送了文房四宝一套,还特意刻了一方印,篆书"诚信为本"四个字,刘总高兴之余当即挥毫泼墨,书写条幅回赠。

4. 排除行政干预促成考察

由于竞争对手 S 公司通过行政关系给董事长打招呼(董事长并不避讳此事),何况他本人也是地区政界和企业界知名人物,所以要他接受本公司相当有难度。分析此情况后成经理和小龚觉得只能和董事长正面接触,坦诚沟通,并在有限的时间内直接阐明利弊。在好不容易见面后,本公司只获得 10 分钟表述的机会。成经理很镇定从容,单刀直入地说:电梯的选购专业性相对较强,一旦选定将与建筑物同在,如果安装、售后不到位将很麻烦,此前刘总和梅经理已做了大量资料收集和比较工作,我们的性价比优势是明显的,我们的前期服务已得到贵方项目经办人员的普遍认可,后期服务承诺也很到位,这些情况对于项目至关重要,希望您能在百忙中抽时间亲自考察后再作决策。听成经理说得有理有节,崔董当即表态:当然要以性价比和对项目有利、保障今后的使用为前提选择设备。同时,他还答应全权委托刘总带队考察工厂,择日成行。

5. 求证对手非诚信表现使形势逆转

该项目电梯的配置定位根据客户的要求是关键部件主机、电脑主板、变频器和门机均要求原装进口。这点对于成经理公司的 X 型客梯来说完全可以满足,但对于正致力于国产化的 S 公司来说却有难度,如都配进口件,则价格竞争力不够,于是,对方的配置表表述为:"主机,电机进口。"但是在反复求证后证实了该型号电梯主机的国产化情况。至此,客户立即要求 S 公司更改配置表,明确主机进口原装。对方立马乱了阵脚,要求一台至少加价 8 万,此时,刘总认为该公司销售人员严重缺乏诚信,并将此情况专题向董事长汇报,梅经理此时也转变了态度。结果天平朝着有利于成经理他们的方向倾斜。最终成交变得很有希望。

6. 理想的搭档,默契的配合

成经理和小龚是师徒,也是搭档,前期以小龚进行信息收集、服务跟踪为主。小龚是刚毕业不久的大学生,说话谦虚谨慎,做事踏实勤恳,给客户的感觉是忠厚、敬业、沉稳。成经理以公司负责人身份出现,诚信、自信、敏锐,给客户以勇于承担责任和非常专业并能处处为客户着想的感觉。二人配合默契,充分展示了企业形象和不同的个人魅力,给客户留下了良好的印象。跟踪洽谈的每个进程,二人都能以平等的态度分析交流,相互提醒,做出正确的判断和决定。

7. 深入细致的技术服务

该项目土建勘测和技术确认并不顺利,主要是客户以前没有经验,同时他们委托的设计单位对 X 品牌的电梯技术参数也不熟悉,有一井道中因其中一角的混凝土立柱突出须将对重侧置,属非标设计。期间,小龚和公司技术人员不厌其烦,多次与设计人员确认图纸,到工地实地测量井道尺寸,与工厂进行非标确认,制定解决方案,绘制针对性的井道、底坑、机房施工图纸,还多次与梅经理及下属技术人员协调解释沟通。应客户的要求,小龚与公司维保经理还上门为客户物业做了一次相关用电、扶梯管理和日常使用、保养知识培训。在刘总率队到工厂考察时,成经理专门请了资深的技术专家给他们介绍产品的技术特点和性能、配置和性价比,进一步消除了客户的疑虑。深入细致的售前技术服务获得了客户单位项目相关人员一致的认可,为其决策提供了比较扎实的基础。

8. 综合表现获取信任,赢得订单

随着工程电梯采购期逼近,客户考察三家工厂结束后,刘总与梅经理及考察随行人员开会,对各厂家进行了综合评分,并在此基础上亲自拟了一份向崔董事长汇报的材料,从品牌效应、性价比、售前服务和考察效果等四个方面进行了比较,明确首推 X 品牌,并对成经理公司的诚信

度给予较高的评价。在崔董事长的指示下,又分别找三个厂家代表进行最后一轮商务谈判。成经理此前和小龚分析认为:最后的报价目前我方虽略高于另外两家,但S品牌已经在配置价格上处于尴尬局面,不敢也不太可能降价,同时他们还把很大希望寄托在行政关系的干预上;另一家R品牌显然只是程序化的销售,平时的跟进特别是服务力度不够,客户感觉和经办人口碑不够理想,这一点连他们自己都感觉底气不足,所以很有可能最后以低价冲击,但此时再大幅降价只能使其淘汰得更快。基于上述分析,成经理决定谈判的让步底线是付款上可控制在3%以内的质量保证金,提货款也可开具3个月的银行承兑汇票,在售后服务上可考虑提高半年的免保期,也可承诺由客户提供办公场地设维保点。这些让步底线要在谈判时以灵活、诚恳的态度把握。最终的进展证明以上判断和思路完全正确,客户通知我方草拟合同。正是X品牌和成经理公司的综合表现获取了客户的信任,最终赢得了订单。

围棋易学难下,销售亦然。围棋既有竞技性,又有娱乐性,且博大精深,变化万千,韵味无穷,否则也就没有悠久的历史传承和吸引无数棋迷的魅力了。销售难吗?答案是肯定的。难在辛苦奔波,难在如何接触和找准机会,难在资源不足,难在对手太强……销售快乐吗?答案也应

该是肯定的。乐在迎接挑战过程的努力,乐在想出破解难关的办法,乐在客户的理解和信任,乐在用智慧和实力战胜强劲的对手……可见,这和围棋的内涵是多么的相似。本案例的价值体现在销售人员知难而进的精神和他们将销售思路与技巧都发挥到了较高水平,通过艰苦的努力赢得了成功。

电梯销售典型案例三
"乒乓销售"拿订单

项目简况:华东某知名 D 制药有限公司的新厂区建设项目。该单位系原集体所有制改制企业,其产品金霉素眼药及治疗运动损伤的药物驰名中外。正在建设中的新厂区办公和检验楼、标准厂房、招待所等需采购客梯 12 台、室内观光梯 2 台、自动扶梯 4 台、货梯 11 台。项目土建部分即将封顶,电梯采购计划要求尽快完成。

关键人物:该公司董事长兼总经理钱先生;基建办公室主任陶先生;工会副主任兼厂乒乓馆负责人简小姐。

竞争对手:入围的国内一、二线电梯品牌五家公司。

采购形式:内部议标。

项目跟踪操作人员:X 品牌华东 W 市分公司成经理、信息销售员小毕和销售支持小王。

1. 运动休闲偶然结识客户关键人物

X 电梯有限公司 W 市分公司成经理兴趣极为广泛,可大多"不精",在诸多的业余爱好中乒乓球是最接近专业水准的,因此,每周健身也是和朋友练球居多。不久前公司招进的信息销售员小毕恰恰是三年前的省青少年冠军获得者。小伙子灵活、积极,想和成经理学习销售,成经理也想在球技上提高一步,即使不能再提高也能多过过球瘾,两人"各取所需",一拍即合。和小毕打球,成经理胜率只有三成,但聪明的小鬼头有时故意放水,所以表现出来的战绩基本是四六开。

又是一个周末,小毕出差了,成经理约了另一个朋友打球,到了球馆,朋友来电话说不好意思,因有急事来不了。正踌躇间,坐在旁边球桌休息的一男士似乎听到了成经理的电话,主动邀请成经理和他一起练球。双方水平比较接近,成经理略占上风,这天一直厮杀了七八局,两人都觉得十分投机。直到交换名片,成经理才恍然大悟,原来他就是小毕跟踪的项目单位 D 制药公司的基建办主任陶先生。本来就要准备拜访,却在此不期而遇,成经理心中大喜,立即表示希望前去拜访,陶先生欣然同意,并邀请成经理到他们工厂打球。

2. 初次拜访的独特感受

周二,成经理应约来到 D 公司。陶先生很热情,简单寒暄后,陶先生要成经理留下电梯的相关资料说抽空再研究,随即打电话叫来了工会副主席简小姐,二人一起带成经理参观工厂,感受 D 制药公司的企业文化。在该厂大门喷泉中央,有一尊中国第一个乒乓世界冠军容国团高举奖杯和球拍的雕塑。其基座上刻着公司的座右铭:"以国球英雄的精神创新发展,以健康强壮的体魄竞争拼搏!"厂房已明显有些陈旧,主厂房一面墙的壁画有点意思,画的是我国乒乓健儿获得历届世界冠军的群英榜,醒目的标语是:"态度决定品质,努力成就梦想!"更让人吃惊的是,在公司办公楼顶层,竟然有一座相当标准的乒乓球训练馆,简小姐兼任球馆负责人。进入篮球场大小的球馆,墨绿色的墙壁上白色字体的标语有两条,一条是:以乒乓运动带动员工全民健身,用国球精神促进企业文明建设! 另一条是:业余为主,以球会友,促进发展;专业为辅,苦练提高,为厂争光! 球馆有八张标准球台,分别用护板隔断。有两张球台练球正酣,简小姐自豪地介绍:"练球的都是我们厂一队球员,全国职工冠军队!"天哪,怪不得水平了得!"我们一队几乎都是省级以上的专业运动员退役或跳槽来的,我们董事长是二队的一号种子,陶主任是二队的一号替补,我们公司每年在乒乓球上的投入至少 50 万!"听到此,成经理十分惊叹,但同时也有疑问,脱口问道:"会影响工作吗?"陶主任接口道:"我可以负责任地告诉你,他们九成以上都是优秀员工。我甚至可以告诉你,在我们公司,不会打球的中层以上管理干部几乎没有。"

3. 确立"乒乓销售"的思路

成经理的此次拜访,留下的印象深刻特别,有点儿遗憾的是没有见到钱董事长,他那天到市里开会去了;也没有时间和陶主任谈业务,只是欣赏了一场该厂一队精彩的训练对抗赛。结束时,陶主任硬拉成经理和其中的一个小伙子过几招,一局下来,成经理竟输成 3∶21,连说"不是一个等级!"简小姐解围说:"他毕竟是专业出身嘛!"接着约成经理改天和钱董打场球,由成经理邀请一下,她来安排,此建议不但正中下怀,还立马勾起了成经理的思路,他想起当年中美"乒乓外交"的成功典范。机缘巧合,这竟然也能用到电梯的销售上。此时,以乒乓球作为切入点,开展"乒乓销售"的思路很自然地就在成经理心里形成,他决定回去好好地盘算盘算,要策划一个绝妙的销售方案。

4. "乒乓销售"方案的形成

回到公司,成经理召集开会,集思广益。主题很明确,就是讨论该项目的"乒乓销售"方案。大家发言踊跃,情绪高昂。很快统一了思路。成经理决定首先组建X电梯公司W市分公司乒乓球队。团体主力队员二、四号分别由小毕和成经理担任;一、三号请外援。由小毕请省师范大学体育系乒乓球教师大王担任一号主力,由公司另一员工请其同学、市邮电系统冠军小李担任三号主力。以公司名义正式发出"X电梯、D制药杯乒乓球团体友谊赛"的邀请函。邀请函明确说明鉴于与对方一队实力悬殊,请求与其二队对阵,并要求钱董事长亲自披挂上阵。对于此役,成经理的要求是整场比赛只准败不许胜,但对阵钱董的那一局一定要胜!团体总分最好是让对方险胜。目的是争取引出第二场团体加个人对抗的更大规模的赛事。如能够顺利实现第二场赛事,团体则要全力争胜,与钱董的对局允许失利(但决不能给对方有故意放水的感觉)。根据这一计划,成经理和小毕评估了双方实力后认为要达到目标应该有七成以上的把握。如果一切顺利,此后再安排一场双方单位管理层的射击友谊赛,力求将与客户的关系推向高潮。其次,以销售支持小王与小毕配合制订前期技术服务计划,对口与客户单位陶主任及手下一位工程师联系,实施到位的售前技术服务,同时,根据该工程实际,确定推荐最适合的梯型和与之相匹配的功能、配置、装潢,并在仔细测算的基础上结合四家竞争对手的价格信息分析确定报价底线。制定一份精美的投标报价书,原则上待"乒乓销售"进入最佳状态时再行报价。总之,必须围绕乒乓这一主线,通过友谊赛,打出风格,打出品位,打出水平,打出友谊,最终打出理解和信任。

5. 两场"递进式友谊"比赛

首场比赛择日举行。从D公司二队主力的实力看,成经理认为己方要高出一筹,所以对比赛前双方排兵布阵的结果比较满意:首局小毕对D公司二号财务部李副部长;接下来是大王对对方三号主力雷副总经理;第三个出场的是小李对钱董。一轮下来2:1领先,大王得了一分,小毕得了一分;两轮关键局大王赢了钱董,但丢了另外两局,3:3;到第三轮前两局大王和小李一胜一负,4:4。此时成经理已觉得十分满意,决胜的第九局小毕对钱董,上场前成经理关照只要打得精彩激烈,胜负已不重要!小毕到底受过专业训练,基本功扎实,动作规范,弧圈球技术熟练,又比钱董年轻了15岁;但刚过不惑之年的钱董长期锻炼,身体强壮,经验老到,且技术风格特别,发球刁钻多变,进攻快速凶狠。

论实力二人的确也在伯仲之间。果然在场上杀得难分难解,小局分交错上升。决胜局双方每得一分,台下都会响起一片叫好声和掌声。21∶19,钱董赢了决胜局。

对这场球,钱董感觉相当好,他笑着对成经理他们说:"在W市,还是第一次碰到你们这样水平的职工球队。我们几个接下来都有公务,很抱歉没时间了,否则一定留你们吃饭。"成经理乘机再约下次比赛,钱董爽快答应:"时间就定下周日。"

第二场比赛如期举行。团体比赛又是4∶4,进入决胜局,这次是大王对雷副总,显然大王技战术都占了上风,最终以两个21∶14较为轻松地拿下决胜局。对抗赛双方各出场二男二女,结果只有成经理赢了对方化验室主任小杜,总分以1∶3告负。其后,对方安排了一队的单、双打两局表演赛,高潮迭起的精彩表演给训练馆带来阵阵欢乐。此次比赛,双方人员基本都熟悉了,沟通交流既自然又很融洽。钱董在公司小餐厅设宴款待双方队员,在答谢酒辞中成经理乘机简单扼要地介绍了X电梯公司及市场占有率情况,表达了服务的态度和合作的愿望,更希望球友间经常相互交流切磋,不断增进友谊。同时,成经理还盛情邀请在座的D公司中层以上管理层在方便的时候参加射击友谊赛。他的邀请立即获得了一片热烈的掌声。钱董又是立即表态:"还是近期安排一个周日。"但同时他又意味深长地对成经理说:"在这之前找时间我要单独和你探讨一下。"

6. 与董事长会晤的"乒乓话题"

周三快下班时,成经理突然接到钱董秘书小厉的电话,说钱董要约请六点钟到"两岸咖啡"喝茶,成经理立即允诺一定按时赴约。当他提前五分钟到达咖啡店时,看见钱董已经坐在二楼临街玻璃窗下的沙发座上等着了。寒暄后落座,钱董先让成经理点茶,成说随意,后二人都要了西湖龙井。钱董就从在茶楼偶遇国家乒乓球队某领队、共品西湖龙井说起,开始了他的乒乓话题。他说到儿时的乒乓冠军梦;说到心中的乒乓偶像;说到他专业打球希望的破灭;说到转为业余练球的执著。说到他对乒乓球的酷爱时,他告诉成经理,每当国内举办国际性的重大赛事,他都要争取到现场看关键的一两场比赛,他说他对乒乓球有自己独到的体验和理解,并说已经并且努力将其很好地与企业管理相结合。成经理一边注意地倾听,一边适时提出问题。比如:中国人为何适合打乒乓球,为何如此普及?国家队为何长盛不衰?技术发展创新有何秘诀?你更喜欢哪种打法和风格?D制药公司为什么要养一个准专业队?在企业推行和普及乒乓球运动对增强企业凝聚力有哪些帮助?等等。很显然,这些天成经理似乎已经找到了后面问题的答案,此时有些明知故问的味道。但这些问题却进一步激发了钱董的聊兴,他感觉成经理懂球,又很有思想,于是越谈越投机。还是成经理提醒他肚子饿了没有,他才表示抱歉,叫来服务小姐点了两份西式牛排套餐,用毕,已是晚九点多了,钱董说明天还要上班,今天是我邀请,你请客,买单回吧。回到家,成经理想想,今天三个多小时,竟一句涉及电梯业务的话都没提及,但他坚信,其效果一定很棒。

7. 球赛之外的到位服务

自从成经理认识陶主任以来,售前技术服务的工作加大了衔接协调力度,销售支持小王几乎天天往D制药的新工地跑,并与几个项目经办的工程师混得很熟了。期间土建井道尺寸已经反复勘测并与设计院、甲方和施工方确认,在此基础上与公司总部衔接出具电梯、扶梯和货梯的标准图纸。同时按陶主任的要求,将主要部件的配置表、进口部件的产地说明、主要备品备件的清单、安装施工解决方案及装潢样本、喷涂色板等都及时提供给对方。成经理在报价书交给陶主任时将己方诚意在报价中的体现充分加以说明。在陶主任比较了其他几家电梯品牌后,又亲自领陶主任及项目工程师在本市两个样板工程现场考察了电梯和扶梯,收到了很好的效果。陶主任在给董事会撰写报告前,倾向已比较明确,透漏出X品牌报价目前在竞争的五家公司中处于中间水平,明确表示他们会以性价比衡量,不会单纯追求价格便宜。要求成经理提供一份公司和产品简介,并特意要求将X电梯的特点优势突出。此时,成经理感觉不论最终结果如何,"乒乓销售"方案有很多值得总结和回味的东西。

8. 水到渠成的订单"奖杯"

又是一个周三,陶主任来电,祝贺X电梯在D制药董事会议标后中标,约请成经理第二天上午与董事长进行最后一轮商务洽谈,如果顺利,周末正式签约。成经理在感谢的同时表示一定会把工程做好。次日,成经理准备了一份"售后服务承诺",列出了免保期的服务项目,其中最主要的承诺就是派员驻点服务。恰谈已没有谈判的紧张气氛,完全是轻松和坦诚的,价格和付款等关键商务条款对方也没有苛刻的要求,成经理主动作了一个点的让步,并将"售后服务承诺"作了重点说明,钱董感觉很满意。他握着成经理的手笑着说:"我们算正式成交了!希望这对你们和我们都是一个闪闪发光的金杯,是一个双赢的奖杯!"成经理保证:"我们会以此为新的起点,与贵方携手共同呵护这一奖杯的成色,我们会全力以赴把工程做成样板,同时做好今后的服务,做到真正让你们放心!"临走,成经理提议下周日要兑现诺言,安排射击活动,也好好地庆贺一下。钱董高兴地说:"一言为定!"

9. 庆贺合作双赢的又一场比赛

一周过得飞快,是日,钱董果然率部下十多人开三辆小车来了,成经理带上工程部安装、维保经理及销售骨干开车带路前往市射击场,与等在那里的小毕、小王以及特别邀请的市人武部张少校等会合。安排的射击项目有步枪、冲锋枪、机枪100米,手枪50米。比赛团体分两组,双方各出10人,每人每种枪10发子弹,以累计成绩计算团体优胜;个人则以总成绩计前三名。张少校手下两名尉官分别监管指导,比赛紧张而有序地进行。结果D制药团体获胜,个人第一名也被对方女将工会副主席兼乒乓馆负责人简小姐以

296环的优秀成绩获得；二、三名为电梯公司获得。发纪念品时，成经理笑着对简小姐他们说："看，女士就是比男人强嘛！今天的成绩又是对前两次乒乓球比赛简小姐精心安排和热情接待的又一种肯定，谢谢！"在一旁的钱董诙谐幽默地笑道："女人强的地方我们就学嘛！你还不知道呢，她打球也是我们D制药女子冠军呢。改天男女混合切磋一下，也让你领教领教。"结束了开心的射击赛，成经理设宴回请，大家开怀畅饮，尽兴方归。

国有"乒乓外交"载入史册，我有"乒乓销售"异曲同工。如果按笔者的意思，最好客户是喜欢围棋，我们照样可以组织精彩的围棋比赛演绎出一段围棋销售拿订单的佳话和特色案例来。此案例销售手法独特典型，完全达到了功夫在棋盘之外的境界。通常说的对客户应"投其所好"，关键是在"好"字上下工夫去"投"。本案例客户的"好"好在健康，好在高雅，这样的"好"值得去投，也应该会投。投的过程虽公开透明，却有很强的排他性和独创性，就像在棋局中出奇不意地占据了厚势并有效发挥了棋筋的作用，一举奠定胜局。这样的销售虽然不会有普遍性，但却有深刻的启发性。

电梯销售典型案例四
优质服务促成项目订单的连锁效应

相关项目简介：

A项目：黄山市T商厦4台自动扶梯起吊安装。

B项目：江西婺源某市文化旅游总公司中日合作旅游宾馆项目8层站客梯6台新梯采购。

C项目：黄山风景区某四星级宾馆4台5层站客梯新梯采购。

D项目：甘肃敦煌"飞天"四星级宾馆2台12层站客梯新梯采购。

关键人物：某国家级旅游集团项目总监卢总、黄山某管理公司总裁余总；江西婺源某文化旅游总公司张总；甘肃太阳旅游投资公司总经理蔡总（女）。

项目跟踪人员：X电梯有限公司华东某省代理公司严经理。

竞争对手：十多家电梯公司，但基本不构成威胁。

采购形式：内部议标。

1. 黄山项目是连锁的起点

黄山市因风景名胜黄山而得名,毗邻江西、浙江,现辖屯溪区、黄山区、徽州区、歙县、休宁、祁门、黟县和黄山风景区,总面积为9 807平方公里,人口147万。黄山市是1987年11月经国务院批准建立的新型旅游城市,也是中国最具有开发潜力和开发价值的旅游经济区之一。黄山市境内群峰秀美绝伦,江河清澈明丽,被誉为国之瑰宝。世界奇观的黄山风景区,以其"奇松、怪石、云海、温泉"四绝著称,是中国杰出的山岳风光代表,也是世界著名的游览胜地。

黄山市历史悠久、文化灿烂。其前身徽州地区,自秦初置歙、黟两县至今已有2 300多年历史。古老徽州的山水孕育出独树一帜的徽州文化体系。其徽商、徽雕、新安画派、新安医学、徽派盆景、徽派建筑、徽菜、徽剧等经济文化流派无不博大精深,在中华民族文化历史的长河中彪炳千古。在黄山市现存的4 900多处古迹中,有久负盛名的歙县历史文化名城、黟县古民居建筑群、屯溪老街、歙县牌坊群等,被国内外专家誉为中国天然的历史文化博物馆。

近年来,随着黄山旅游经济的迅速发展,带动黄山市地产、商贸日趋走热。位于黄山市中心的T商厦是20世纪90年代初建设的老商厦,因人气很旺,投资者为增加营业面积,决定将原5~6层的办公室迁出,增加4台自动扶梯。X电梯公司华东某省代理公司严经理的前任在竞争中拿下了订单,售后运输、起吊安装的问题便转到了走马上任不久的严经理手上。

2. 某国家级旅游集团扶梯起吊安装难题

严经理接手后在梳理客户关系时发现,该项目投资方为黄山某管理公司,经前任引见和该公司余总裁已有过接触,彼此印象不错。该公司在黄山顶上的景区正扩建一座标志性的号称"黄山某某国宾馆"的四星级宾馆,需新购4台客梯。项目不大,但该宾馆接待的都是国内外重要嘉宾游客,其重要性非同小可。所以余总裁决定与北京中旅集团合作,由该集团对土建、设备、装修总体进行技术把关并对后期扩大的经营管理培训负责。所以现在严经理要打交道的人除了余总就是某国家级旅游集团的项目总监卢总这一关键人物。卢总是个专业人士,他把关的切入点就是市区T商厦这4台扶梯的起吊。因为正在经营中的商厦只是额外在5到6层上加装4台扶梯,所以起吊时楼下不能停业,而扶梯又只能从大门进入一个只有30米见方的天井里垂直往上吊,更要命的是四周包括楼上各层都没有趴杆受力生根之处。合同中虽然明确规定由甲方负责在当地联系专业起重队伍,但必须由其与电梯公司重新签起吊合同,所有原合同以外增加的费用和施工责任甲方概不负责。如此恶劣的现场施工条件,卢总自然十分清楚起吊异常艰难,但各为其主,他从自身职责出发,对严经理提出了四点非常苛刻的要求:

(1) 不准在营业时间起吊;

(2) 扶梯进入商厦到起吊就位必须在24小时之内完成;

(3) 扶梯进入商厦如轧碎大理石地砖,损坏墙面、柜台或任何装修必须照原样修复,损坏商品照价赔偿;

(4) 发生任何人身伤害事故由电梯公司和起吊单位负责。上述要求必须形成双方正式的补充协议。不仅如此,由于甲方先后联系了三家起吊单位都不敢承接这笔业务,卢总以协商的口气要求严经理设法解决。

3. 知难而进的起吊获得成功

这实在是个"烫手的山芋",但严经理知道它同时也是竞争的筹码。为慎重起见,严经理特意从省城请来老业务单位的专业起吊高手蔡队长,实地勘察后蔡队长同意承接,但起吊价要比平时高出一倍。心理有底后,严经理立即找到卢总,要求在补充协议中加上几条:

(1) 起吊期间,商厦的治安和秩序由商厦负责,保安必须听从现场总调度的统一指挥;

(2) 其间如发生任何与扶梯起吊无关的事件和损失与电梯公司和起吊单位无关;

(3) 商厦负责协调因起吊涉及商厦或租赁商户柜台、商品临时挪动事宜。

对上述合理要求,卢总经与商厦总经理沟通后同意,严经理在签好补充协议后随即与起吊单位落实了相关责任并签订了合同。之后,明确的起吊方案为:第一天扶梯进入商厦并做起吊准备,原则上当晚 8 点商厦关门后开始起吊,第二天上午 9 点开门营业前就位。扶梯进商厦时在地面先铺上草垫,将枕木放在草垫上,再用圆钢管承载扶梯在枕木上滚动前行,这样既安全又省力;起吊采用方形钢管在天井里竖立一根直达6层约20多米高的受力柱,起吊的主吊葫芦就固定在此柱上,同时在5~6层四角用8个小型三角架葫芦协助拉动牵引。蔡队长担当起吊总指挥,严经理总协调,商厦一副总现场配合,卢总也是亲临现场压阵。当晚起吊时,当13米左右跨度的第一台净重近10吨的扶梯被吊起在空中转向时,现场气氛异常紧张,很多人都睁大眼睛,屏住呼吸,死死盯住被吊起的扶梯,只有蔡队长神态自若,从容指挥,这让严经理宽慰了许多。直到凌晨5点,当最后一台扶梯的上下部头稳稳地镶在5~6层预留的混凝土牛腿上时,严经理一颗悬着的心才落到了实处。此时,全场欢呼,卢总紧紧握住严经理和蔡队长的手连声说:"谢谢,谢谢!"

4. 周密细致的可行方案打动专业的客户

过了商厦扶梯起吊这一关,卢总对X品牌的认知度和对严经理的工作态度及能力的认可都骤然提升,感情距离一下缩短了许多。然而,对黄山顶上的项目,高度敬业的他还是不敢有丝毫怠慢,他要求严经理尽快拿出运输、安装的最佳方案,还特别强调了两点,一是索道只能运到玉屏楼,要到海拔1600多米的山顶还需人工搬运15公里左右的路程;二是黄山常年云雾缭绕,很多时候阴雨连绵,空气湿度极大,电梯控制系统必须解决防潮问题。为此,严经理实地爬了一次山,对眼前的美景根本顾不上欣赏。回公司后,着手制订了运输方案,决定如果签约须在合同中注明工厂分两批发货,其中主机、控制柜单独做一批发货,届时安排16名民工分两组每天抬2台主机和控制柜上山,2天运完;其他部件两次发货时待索道运到后,会同甲方就在玉屏楼开箱拆成散件,标明编号并进行必要的简易包装后组织60名民工搬运,4天内运完。期间电梯公司必须有2人随主机、控制柜押运,4~6人现场调度,甲方须负责散件搬运民工的管理和场地协调等。对于控制柜防潮问题,严经理与工厂做了非标确认,采用室外扶梯的工艺处理方式,对控制柜外壳做了防锈处理和增加了橡胶密封圈设计,同时建议甲方在机房增加换气扇和除湿机。这一方案的每个细节,严经理都做了周密的安排和仔细的说明,卢总看后立马向余总裁作了汇报,并执意要求和余总一起请严经理吃饭。饭桌上,两位老总一致表示不但订单确定X品牌,而且不在价格上再要求严经理让步,并要对因扶梯吊装增加的成本做适当补偿。这天,不会喝酒的严经理醉了。

5. 成为朋友后引荐婺源景区项目

黄山顶某国宾馆电梯的成功运输、安装和交付使用,使严经理和卢总成了很好的朋友,卢总做人做事都很直率,喜欢打网球,严经理周末经常驱车100多公里赶过来和卢总或打球,或吃饭、喝茶、聊天。卢总所在的旅游集团是遍布全国各地的旅行社的总部,因此各旅游城市、风景区有很多独资或合资、合作项目。这些严经理原来一点也不知道。大约半年后的有一天,卢总告诉严经理,他过一段时间要接手离黄山不远的江西婺源一个与日本合作的宾馆项目,需要采购6台客梯,他已经把严经理引荐给了负责该项目的婺源某文化旅游总公司张总,建议严经理近期去拜访一下。

婺源,严经理虽然没去过,但他查了一下相关的介绍资料得知,那是中国最美丽的乡村之一。婺源之美,美就美在人与自然的和谐相处,美就美在文化与生态的珠联璧合。婺源古风蕴藉,文气沛然,有"书乡"之美誉。在山麓水畔、村落亭榭间,弥散着浓烈的文化气息。文化遗址遍布乡野,古建筑、古洞、古树和古文化"四古"风韵享誉古今,傩舞、徽剧、茶道、抬阁、地戏等绚丽多彩的民间艺术在青山碧水间熠熠生辉。长长窄窄的老巷、高高低低的古树、弯弯曲曲的古驿道都在对人们诉说着那渐远的传说和典故……

拟建的婺源友好宾馆是由婺源某旅游总公司与日本(株)某旅行社合作兴建的涉外旅游饭店,地址就选在山明水秀、举目皆景的朱熹故里——婺源县城紫阳镇。在县城,严经理按约定时间地址找到了张总的办公室。

6. 谈远程监控服务获得美元订单

由于是卢总引荐,见面时张总格外客气,落座后亲自摆开茶几上的一套"家伙"泡起了功夫茶。严经理环顾四周,办公室的文化气息很浓,墙上挂有国画大师刘海粟的《黄山日出图》和安徽国画家黄叶村的《雨后春笋图》,还有书法家赖少其的一幅对联:"明月松间照,清泉石上流。"与众不同的是张总的办公桌上左边是一台液晶电脑,右边却摆了插满大大小小毛笔的笔筒、笔架,一个大砚台,黄铜铸有花纹的镇纸,几方印和印泥盒,一块毛毡等,可见他是个书画爱好者。果然，严经理接过张总的名片，才知他不仅有董事长头衔，还是省书法家协会的理事。严经理觉得话题从书画开始最轻松，就向张总请教何为文房四宝？张总自然轻车熟路，侃侃而谈："其实就是笔墨纸砚，这四样东西是古时人写字时必须的，因此称文房四宝。笔，指毛笔。墨，是干墨。砚，也就是砚台，一般用石头做成，中间有凹下去的地方，加上水，用干墨在上面磨，也叫研，这样磨好后就成了现在学生普遍使用的墨汁了。纸，就不用多说了。"严经理接着问道："哪里产的最有名？"张总呷了一口茶说："这四样东西，分别以四个地方出产为最出名。浙江湖州的笔（湖笔），安徽徽州（今黄山市）的墨（徽墨），安徽宣城的纸（宣纸），广东端州（今肇庆）的砚（端砚）。另外安徽歙县的砚也很有名（歙砚）。"听他如数家珍，严经理有些肃然起敬，诚恳求字，张总半开玩笑地说："先欠着吧，看你的表现再说。"于是话题转到项目和电梯，张总之前已经从卢总那里了解了 X 品牌及黄山工程的基本情况，他对严经理说："技术、安装等我都还是要交给老卢把关，我只关心商务和售后服务，你今天要告诉我，你公司离我这里有 300 多公里，买你的电梯，故障解决有那些保障？"此时，严经理觉得是自己发挥的时候了，他首先告诉张总："我公司在黄山已经设有维保点，并配有工程车，黄山离此只有 120 公里左右，一般可以保证一个半小时左右赶到抢修，同时我公司有义务免费培训你们的电工或电梯管理人员掌握简单的维修、操作和紧急情况处理方法。从技术保障上讲，我们可以在设备中配备远程监控装置,它将对电梯故障的预报和在第一时间通报起关键作用。"接着,他从皮包里拿出远程监控装置的相关资料,仔细但又很简捷地讲了这一装置是通过互联网连线电梯模块,经过专用服务器发生作用,实时监控的运行原理。还递交了公司售后服务承诺的标准文本。见张总呈现出较为满意的表情时,严经理留下资料起身告辞,并邀请张总抽时间到工厂去考察,届时也请卢总同行,张总表示一定考虑。

经过三个多月的几次接触和工厂考察的顺利成行,再加上卢总亲自介入后的技术确认和与张总及日方一监事的商务谈判,最终成交。因是日方投入设备资金,合同以美元结算,这倒是严经理数年电梯销售所没有遇到的。签合同的那天,张总还兑现承诺送了严经理一幅自己书写的行草条幅:宝剑锋从磨砺出,梅花香自苦寒来。严经理则取出两方云南"二龙戏珠"玉石回赠了张总和卢总,张总请吃当地风味的"野菜宴",三人那天一直聊到深夜。

7. 再次引荐敦煌"飞天"项目

俗话说:朋友是最大的财富。严经理自结识卢总以来,通过做人做事,愈来愈感到认真和诚信的重要,同时他也感到十分庆幸:公司代理了国内一流的电梯品牌,有一个朝气蓬勃的团队;更是认识了卢总这样的朋友,真是天时、地利、人和。这些日子,他对合同履约异常关注,格外尽心。他要绝对保证他经手的所有项目工作不出丝毫差错,否则就会愧对朋友,甚至对不起自己。这些,卢总都看在眼里,对严经理也越来越信任了。果然，朋友又一次让好运眷顾了他。

这天，严经理突然接到一个女士的电话，她自我介绍说她原是卢总的同事，现任甘肃太阳旅游投资公司总经理，姓蔡，目前主管甘肃敦煌新建的"飞天"四星级宾馆，需要6台12层站客梯，同样也是旅游集团的合作项目。最近通过邮件往来知道卢总负责的项目与你们电梯公司合作得十分愉快，你的做人做事我也很欣赏，所以直接向卢总要了你的电话，了解了相关型号、价格水平。今天冒昧打电话来是出于对卢总的信任，正好明天出差飞上海，后天在上海有一天逗留的时间，希望严经理直接带合同过来签。有这样的好事？严经理既不敢相信，又不得不信。因为卢总认识的朋友绝对不会开这样的玩笑。然而，可能是因为兴奋使一向口齿伶俐的他竟有些口吃了："好！好！我，我一定到！"对方可能感觉到严经理有些不自然，接着说到："严经理，我的情况卢总很了解，待会儿你再和他通个电话，后天上午9点你到上海外白渡桥的上海大厦来找我吧，我对合同的技术、商务上的条件要求基本和婺源友好宾馆相同。希望我们合作愉快！"说罢，对方挂了。严经理愣了半天神，手机又响了！他以为又是那位蔡总，没顾得上看来电号码，赶紧接听，却是卢总，他解释说，本应先由他告诉蔡总的事，但不知她要飞上海，也没想到就着急签合同。他向严经理表示祝贺。严经理激动地说："卢总，真不知怎么谢你！"卢总笑笑说："把事儿先办好，回来请我打网球，谁输了罚谁请客！"

第二天，严经理赶到上海，隔日如约见到了虽已五十出头但仍风姿绰约的职业女性蔡总,双方都出示了各自公司营业执照的副本。蔡总仔细浏览了 X 公司产品样本、配置和合同的文本,谈了己方的要求,很快便达成了一致。签字盖章后,严经理说:"感谢蔡总的信任,我们一定会做好这一项目!卢总说您爱喝绿茶,托我给您带了点儿黄山毛峰,是雨前茶!"蔡总说:"谢谢你,也替我谢谢卢总!我是搞旅游的,送你和卢总各一枚'飞天'金质徽章,说是金的,分量却很轻,但精巧别致,留个纪念吧!"傍晚,蔡总要赶飞机,严经理执意把她送到了机场。

回到公司,严经理才想起自己对敦煌几乎一无所知,赶紧上网查询:敦煌,位于甘肃省河西走廊的西端,南枕祁连,襟带西域;前有阳关,后有玉门,是古代丝绸之路的咽喉。汉代起敦煌是辖六县之郡。东汉大家应劭称:"敦,大地之意;煌,繁盛也。"两千多年后的今天,这一"繁盛大地"以其拥有的举世无双的石窟艺术、藏经文物而成为人类最伟大、最辉煌的历史文化遗产之一。

1900 年,五万多卷宗教和世俗文书的发现,使敦煌莫高窟从此享有了"世界艺术宝库"、"世界现存佛教艺术最伟大宝库"的双重桂冠。1987 年 12 月,联合国教科文组织将莫高窟列为世界文化遗产。

严经理的成就感陡然上升,从心里赞叹:遥远的甘肃,神秘的敦煌,了不起的"飞天"订单!

所有电梯品牌的销售人员都希望在客户面前

做代言"产品好,价格好,服务好"的"三好学生"!这说起来容易,做起来很难,特别是售后服务,即客户的满意度不仅关系品牌形象,而且可能成为留住回头客甚至使业绩呈几何增长的催化剂。做电梯销售是做市场而不仅仅是做项目,是一盘大棋,作为客户,在和我们对弈时也会下出"试应手",就是在局部故意放出具有诱导意义的棋子看你如何应对。这个"试应手"有时是鸡肋,让你作出错误的判断和应对决策,有时候货真价实的就是机会,万万不能错过,所以要求棋手必须有敏锐的观察力和大局观。电梯销售人员必须懂得,拿到一份订单也可能只是取得了一局棋中的局部优势,如果继续严谨有序地行棋,特别是在电梯合同履约的"收官"过程中让客户感受到严谨、细致和到位,客户就会产生敬畏,就会愿意和你继续下棋,甚至不再介意输赢。本案例的典型意义在于告诉我们:赢得客户的信任已经不易,赢得客户的尊敬就更加难能可贵了。意外的收获其实并不意外,偶然里面蕴藏了必然,销售人员如果在做好服务的同时还能切实地为客户分忧解难,那么往往会有超出预期的回报。

电梯销售典型案例五
妙手回春的电梯订单"拦截案"

项目简介:华东某市金鼎置业投资有限公司步行街项目,16台扶梯,8台自动人行道,4台观光梯,12台8~12层客梯。总计40台电、扶梯新梯采购。

关键人物:项目工程金经理;黄副总;项目总监叶总;董事长兼总经理莫总。

项目跟踪运作:X品牌华东区域某市A代理公司销售经理汪小姐。

竞争对手:国内电梯二线K品牌,已获取的订单最终被废止。

逆转形式:前期内部议标确定,资产重组后董事长最终决定终止与K品牌合同改签X品牌。

1. 具有战略意义的超大步行街项目

华东某地级市是全国知名的魅力城市,城市中心区既有类似于小九华的风景秀美的赭山,又有镶嵌在主要商业街区中央的好似迷你型西湖般璀璨的镜湖,即使是走南闯北的人,当走在已建成的依山傍湖的步行街上,流连于妙曼音乐喷泉或者有着亭台楼阁依依垂柳的柳春园时,也会从这里感受到中国城市建设的清新之气和独特风貌。该步行街已被列入中国十大商业步行街之一,它由市中心的中山路和北京路交叉口进入,环绕半个镜湖,出口为青弋江畔的宝塔埂和中山桥头的新百商场,长约 2.6 公里,集商业、宾馆、餐饮、文化、旅游、娱乐、金融、写字楼为一体,布局合理,设计新颖独特,既有中国徽派传统建筑之风韵,又不失现代典雅和时尚,堪称建筑群中之精品。

当初,金鼎置业此项目标书一出,各电梯厂家、代理商蜂拥而至,省内几乎所有驻点的 30 多家电梯厂的分公司、办事处都报名和购买了标书。大家都十分清楚,不仅项目本身极具样板性和战略影响力,而且金鼎置业又是当地房地产业的"龙头老大",资金实力雄厚。对于代理国内一流合资 X 电梯品牌的 A 公司经理汪小姐来说,在步行街上的主大厦 18 层已经购买了 200 平方米的楼花,待建成后搬迁并与金鼎置业同在一幢楼办公,所以竞标的成败就显得更为重要了。

2. 订单疑似流失后的冷静思考

然而,令所有一线大公司意想不到的是,中标的居然是一家规模很小,几乎名不见经传的内资民营小品牌 K 电梯。汪小姐在得到对方中标的确切消息后,开始认真反思和冷静分析,首先是前期己方工作、关系都不够到位,忽视了项目负责人黄副总的倾向性对决策的影响,更没能很好地把握管工程的金经理和黄副总之间的微妙关系,同时与董事长的沟通也不够深入;最不能原谅的是标书制作时手下的销售经理参考工厂老的标准文本,竟将电梯执行的国家标准《GB-7588-2003》仍然写成以前的《GB-7588-1995》,自己当时审核得不仔细,以至被倾向于对手的评委抓住成为废标的理由。至于对手,品牌、产品、售后服务均不占优势,除了打价格牌,很重要的原因是走了上层路线,行政干预起了较大的作用。通过上述分析,汪小姐突然觉得这个项目还没有到此为止,她想进一步了解合同的进展,于是,她立即拨通了关系较好的金经理的电话。金经理告诉她,不仅合同已签,而且已经支付给K电梯公司20万元的预付款了。汪小姐有些沮丧,但仍然不甘心,她恳求金经理帮忙调阅合同,在证实了付款的文字表述是:"甲方同意自合同签订一周内,按每台电扶梯5 000元合计20万元支付到乙方指定账户作为预付款……"之后,她觉得对方虽然合同生效并收到20万元,但并不代表就可以稳操胜券、高枕无忧了,她觉得仍有可能在甲方接受的情况下,宁可公司贴上代理佣金,承担20万的损失,让客户废止已生效的合同,使该项目峰回路转,起死回生。至于有可能涉及相关法律问题,对法律专业毕业的汪经理来说,也有解决的途径。

3. 甲方资产重组果然带来转机

也真是机缘巧合,就在汪小姐思考如何尽最后努力的时候,传来了客户单位资产重组进行内部调整的重要信息。该项目由于盘子太大,最近与香港宏运集团合作组建金鼎置业地产开发公司专门运作该步行街项目。该集团是香港上市公司,其地产开发在香港、新加坡和北京、上海、重庆等地均有项目运作,重组后管理层仍由莫总担任董事长,香港方面出任财务总监和项目总监(叶总)。关于甲方的重大变化,汪小姐的消息也就到此为止了,至于甲方首次董事会议即确定项目所有设备、材料采购定位原则上必须在国内一流品牌中货比三家,按新的流程重新筛选报批审核这样的核心机密她并不知道,但有人含蓄地暗示她可以再争取争取,她当然心领神会,并开始准备她的"颠覆攻势"。

4. 见缝插针游说决策层

首先,汪小姐通过金经理约见了香港方面的叶总监;其次又通过叶总监和财务总监会面;再就是单独和莫董事长喝茶长谈,又应莫董之约在其管理层会议上做公司、产品介绍。所有这些会晤,汪小姐都围绕给对方算好三笔大账展开:一是品牌效应账,强调打造一流步行街必须在关键设备的选型上要有与之相应的品牌,而一流品牌的电梯设备和售后服务不仅能满足使用需求,免除后顾之忧,还能作为楼盘的重要卖点(特别是X品牌的绿色、环保电梯特色)之一为业主带来好处。第二笔是性价比差异账,侧重点是虽然一流品牌电扶梯的投入平均每台要比现已签的K品牌高出3万元左右,总价高出120多万元,但就其配置、进口件比例、加工精度、工艺质量、安装售后规范程度及将来备品备件供应保障等直接影响电扶梯使用寿命和安全运行可靠性方面而言,都将远远超过这些价值,永磁同步无齿轮的节能主机更是可以为投资者、物业或业主直接降低运行成本和提高收益。因此在总投资近30亿、建筑面积近40万平方米、电扶梯投入仅1 000万左右的项目中,这点"增值"成本不仅不会影响整个项目,而且是物超所值。第三笔是安全使用保险账,作为世界一流品牌合资企业,X电梯始终是将安全性能放在首位的,其不仅执行全球电梯行业的最高安全技术标准,售后服务体系也是最完善的,全球市场占有率第一和国内三强的现实也充分说明了产品的认知度和可靠性。另外,售后服务承诺也将保证电扶梯的安全使用和定期保养。如果能选择×产品,应该是相当于同时购买了安全使用的保险。它可以最大限度地免除使用者的后顾之忧。

当然,汪小姐十分清晰其管理层的不同心态:叶总监作为新任项目负责人和港方股东代表,当然要以新的理念和思路来管理和运作项目,同时认为设备、材料采购应与国际接轨,明确反对行政干预和不规范操作,此观点又得到财务总监的全力支持;金经理管工地现场和从技术层面对采购方案进行比较和把关,其对决策的影响程度将随着重组后的公司规范程度的提高而逐步加大,他是董事长十分信赖的人,也是黄副总强有力的竞争对手;黄副总原是项目负责人,他原来的倾向性主要源于他与当地政府的密切关系和项目进展中政府部门的支持力度,这一点也是董事会权衡拍板的主要支撑点,公司资产重组后,他虽仍是公司副总,但对决策的影响力明显有所降低,这使他有些失落,但他毕竟跟随董事长多年,也是莫董需要使用和依靠的人;至于莫董事长,他当然要用新思维、新观念、新模式、新流程和新方法来运作好这个系统工程项目,只要是更有利于项目和公司可持续发展的创新,他都会感兴趣和乐意尝试。

所以,汪小姐的游说切中要害,各见功效,特别是抓住了难得的客户高管会议的平台,很好地展示了公司、品牌和自身的闪光点,获得了显著的功效。董事长明确告诉汪小姐,可以具体讨论双方合作的可行性。

5. 获取董事长信任的几要素

期间,汪小姐对董事长的游说极具耐心和韧性,当然,这也在一定程度上得益于她佼好的容貌与高雅的气质,有时使董事长不好意思态度生硬和断然回绝。汪小姐非常睿智地利用了这一优势,她把握了四条原则:一是保持庄重典雅举止大方;二是执着追求和锲而不舍的精神,坦诚表明希望再次竞标的态度;三是用严谨的思维和细致分析引导客户思考改变初衷的可能性;四是充分体现合作双赢,处处为对方着想的原则。随着沟通的逐步深入,这四条原则果然奏效,莫董对她的表现开始赞赏,信任度也随之提高,从自身角度看,他也的确认为前期选择不符合项目实际并有些草率。至此,客户重新决策已经具备了充分的基础和必要的条件。但毕竟已经与 K 公司有了白纸黑字签了字盖了红印且付了预付款的合同,如何废止合同是个极大的难题,弄得不好,不仅公司诚信受损,还可能闹成法律纠纷,这样的风险和代价使莫董不能不慎重考虑。

6. 客户全权委托终止原合同的法律难题

面临眼前的状况,汪小姐适时地向莫董提出了一项解决方案:如果决定重新选择并废止与K公司的合同,可由金鼎置业委托具有律师资格的汪小姐,以其法律顾问的身份前去协商,以不产生法律纠纷为原则终止合同,如协商不成则只能履行原合同。此事也就到此为止了。汪小姐还要求在保密的前提下委托。莫董考虑了两天最终同意,并亲自起草了法人授权委托书。他的心理底线是做这样的处理未尝不可,做成了与董事会的要求可以一致,交给汪小姐去处理,一则也算是给了她最后的机会,二来这件棘手的事也是本公司想做又无合适的人去做的事;万一协商不成,他还是可以亲自出面收拾残局,他相信K公司是不可能把关系搞僵的。

有了客户单位的授权委托,汪小姐认为已经获得了突破性进展,这无疑是她实施"颠覆"计划以来获得的重大胜利。退一万步讲,即使经过最后的努力此项目还是不能夺回,也为今后与金鼎置业的合作奠定了基础。更何况对于比较熟悉相关法律的汪小姐而言,她觉得协商解决此事至少有七成以上的把握。于是,她开始准备最后的冲刺。

7. 妙手回春"拦截"成功

她首先起草了一份《工作联系函》,函件中陈述了要求协商终止电、扶梯合同的理由:

(1) 步行街项目的重要性及打造一流品牌的必要性,而非一线品牌的K品牌与之难以匹配。

(2) 金鼎置业因资产重组,董事会责成电梯及所有大型设备采购凡未正式履约排产的必须重新审核确认,K电梯合同在重新审核中未获通过。

（3）K电梯在省城和本地区均没有标志性建筑的样板工程。

（4）K电梯公司的售后服务体系不够完善和规范，难以保障本公司将来电、扶梯的安全使用。

为避免过于刺激对方，联系函还表达了前期与K公司良好的合作愿望，对此次合同终止深表遗憾和歉意，对贵方因终止合同提出的合理要求将予以考虑，对可能给予的谅解表示感谢云云。

莫董对这份《工作联系函》的措辞相当满意，对汪小姐的思路和文才感到惊讶。盖上金鼎的大印，又开了介绍信，汪小姐带上授权书和自己的律师证，预约了K电梯公司省城独家代理公司的孔经理。由于K公司就是由于孔经理的社会关系资源才拿下此订单并授予其独家代理权的，由于以前一直很难在竞标中遭遇，所以，汪小姐与K公司和孔经理本人并不熟悉，所以不至于暴露自己现在的电梯公司经理身份。

为缓和气氛，汪小姐特意请孔经理在一家幽静的音乐咖啡吧里会晤。见面后，汪小姐说明来意，出示了相关的证件，递上授权书，最后才把联系函交给了孔经理。对方看起来十分理性，在仔细倾听了汪小姐的陈述和再次审核了相关材料后，表达了自己的意见。大致可以归纳为三条：一是必须维护合同的严肃性，否则己方将保留追究违约责任的权利；二是对方资产重组后仍应维护已经签署的任何法律文件,董事会重新审核理由不充分;三是如果对方单方面终止合同,我方本应诉诸法律,但考虑到双方良好的关系,可以接受协商,但必须满足我方的相关条件。听到孔经理的第三条,汪小姐感到果然在预料之中,她表达了自己认为合同终止看来已成定局,既然可以协商,那么双方都回去考虑考虑彼此协商的条件,约时间再谈。孔经理表示同意,约好周末下午2点仍在这里见。

再次见面之前,孔经理曾特意约见了甲方的黄副总,关于终止合同,黄副总也直言董事长已有明确意见,基本已成定局,希望孔经理接受现实并提出合理的协商条件。因此待与汪小姐再次见面时,也就开门见山地提出了己方条件:核心就是要求对方双倍偿付预付款,即不仅前期的20万没收,对方还必须再支付20万,其理由是因为甲方违约,理应承担违约责任。对于这样的条件,汪小姐感觉不仅不算苛刻,甚至进入了自己的套路。她拿出合同复印件,向孔经理指出:"合同条款中关于前期支付的20万元的表述是'预付款'而非'定金',按《合同法》相关条款解释,订金、预付款都不具备合同担保性质,如果甲方既不终止合同,也不履行合同,承担违约责任是一回事,但20万的预付款则必须无条件退回。而违约不违约,只能通过法律程序判定,并非由当事的任何一方下结论。我们可以协商的仅仅是甲方有可能的违约给贵公司适当的补偿。这也是甲方希望维护双方关系和保留今后滚动开发其他项目合作空间的良好愿望和具体表现。"其实,孔经理事先也向律师咨询过,汪小姐的依据是完全能够摆上桌面和比较充分的,他心里衡量再三,如果打官司,不仅不能挽救订单,还造成关系的彻底恶化,最后的结果即使胜诉也必然得不偿失,于是他把球踢给了汪小姐:"那么你认为什么样的协商结果是公平的呢?"汪小姐说:"我个人认为将甲方已付的预付款部分或全部转换成甲方终止合同对乙方的协商补偿款是比较公平和可行的方案,至于最终甲方同意多少还要征求他们的意见。我想,现在电梯竞争如此激烈,有相当于20万的纯利,而且没有任何风险和责任,对你们也相当可观了吧?"说到这里,孔经理虽心有不甘,却也有些无奈,他表示20万再少是不可能的,汪小姐立即表示愿意全力说服甲方。

最终的结果自然是达成一致,双方签署了《关于协商终止电扶梯合同的协议》,相关条款明确了将预付款全额退回和甲方同意支付20万补偿款的内容。汪小姐还力促莫董、黄副总专门宴请了孔经理及其公司相关销售管理人员,使此项目合同终止圆满完成。

对于汪小姐的办事能力和水平,莫董不仅赞赏甚至有些佩服,他半玩笑半认真地对汪小姐说:"电梯别做了,我给你年薪30万,来做我们的项目经理兼法律顾问吧!"汪小姐也顺水推舟地说:"谢谢莫董的美意,不过这个项目我总要先做好吧,这也是为你们金鼎作贡献嘛!"隔日,董事会重新审核X电梯公司修改过的标书并获得通过,双方正式签约。对汪小姐来说,这一妙手回春的运作不仅完成了乾坤逆转,也为自己的职业生涯写下了精彩的一笔。

煮熟的鸭子会飞吗？竞技体育告诉我们极有可能，中国足球就有多少个黑色五分钟；围棋也一样，看似已经完胜的局面，最后阶段被对手翻盘的棋局也是屡见不鲜。这里且不说败者一定是技不如人，关键时刻下出昏着和败着所致，而是说胜者必须有捕捉战机把握战机的能力。销售高手们在公平竞争的市场氛围中真有起死回生扭转乾坤的能力吗？已经和别人成交的生意如何使客户改弦更张？又如何迫使对手接受并规范地规避了法律风险？本案例告诉我们：要把几乎不可能的事变成现实，仅有技巧是远远不够的，它还需要自信、坚韧和敏锐，还必须具备足够的法律意识，更需要高超的谈判艺术，以及创造性的思维及和谐共赢的心态。和围棋以及任何竞技体育一样，笑到最后的才是最佳选手。本案例再现了电梯销售的神话和奇迹，并且创造者就在我们身边。

电梯销售典型案例六
机智跨越电梯采购环节的"欲望陷阱"

项目简介：华南某市普利置业公司的"福楼旺邸"项目。小高层住宅需采购客梯16台。后续项目两年内需采购近150多台电、扶梯。前期开发曾用过T和D品牌电梯，X品牌一直难以进入。

关键人物：董事长王先生，项目经理蔡先生，蔡夫人。

项目跟踪操作：X品牌该市代理公司经理宁青小姐和销售经理毕先生。

竞争对手：T和D品牌代理公司经理。

1．胆大妄为，瞒天过海，董事长始终见不到的报价

普利置业的项目前两期50多台电扶梯X品牌就是打不进去，此次16台内部议标最后入围的三家又榜上无名。让X公司经理宁青不能理解的是，前两次无论是T还是D品牌的中标价格都比自己的最终报价每台高出近15%左右，这对于同是国内合资一线品牌和基本配置接近，同时又并非政府采购的竞标来说，肯定是不太正常的现象。宁经理注意到以前都是将报价书报到普利置业项目部，由该部蔡经理汇总逐级上报。这个蔡经理貌似正人君子，但骨子里私欲极度膨胀和贪婪。前期数次投标就是因为他的无理要求遭到拒绝才一再流标的。不仅如此，而且几乎每次都不能进入到最后一轮就夭折了。直到最近宁经理才了解到，原来此人仗着是王董事长的妹婿，利用职权，有恃无恐。

经过剖析，宁经理有充分理由怀疑就是这个蔡某在前期电梯采购的环节中做了手脚。

据蔡的家庭背景及其夫人的为人品行，宁青调整思路后尝试改变策略重新寻找切入点。干脆直接通过蔡夫人即董事长之妹引见董事长，并把此次迟迟未出手的报价直接报于董事长。令宁经理始料未及的是，董事长居然几次竞标中从未见过有X公司的报价。看了宁经理的最终报价，其第一反应是震惊，认为品牌价格适中并极具竞争力的X品牌从未进入到自己的决策视野是极不正常的，他明确表示自己公司的管理和用人都已经存在很大的问题，必须尽快改变目前状况。最后，董事长策略地做出了以寻求战略联盟为理由，亲自率队重新考察筛选，并将入围的三家扩大为五家，X品牌这才被列在其中。

2. 阎王好过，小鬼难挨，项目经理竟能设置沟通栅栏

此前，X公司项目跟踪都是宁经理的副手销售经理小毕，小毕一开始接触蔡经理感觉他很热情，但其过分的自信和对自身权利夸张的表述显然已超越了他的职位。稍微熟悉之后，蔡某就向小毕提出了回扣的条件。小毕向宁经理汇报，经权衡利弊，决定不能这么做。然而，宁经理又不肯轻易服输，不相信蔡某能一手遮天。她原先的想法是对蔡的要求不作肯定的答复和承诺,理由是合同是经销还是代理需进一步与工厂沟通。而让宁经理意外的是,蔡不仅是个吃回扣的老手,而且为人做事不择手段。他在解读了X公司的想法后,显然对此并不抱希望,当其他厂家或代理商向他明确承诺并使他感觉基本满意时,他就开始动作了。他首先要设法把他下家主要的竞争对手X公司踢出去,而且做得不动声色。就这样宁经理被他设置的沟通栅栏挡在了客户的决策层之外,前两期流标便是不可避免的了。

3. 闪展腾挪,围魏救赵,避其锋芒彰显智慧和技巧

在此次招标的入围性选择前,已在心理上有些疲惫的小毕向宁经理请示,希望她能亲自出面会会这位蔡某,否则又无法入围竞标了。看似文静柔弱,而内在果敢智慧的宁青,考虑再三,决定与蔡直接交锋。不入虎穴,焉得虎子!

宴请的酒店是宁青刻意选择的本市政府机关用于接待的"华南宴会厅",随行除了毕经理,还特意请来表姐,市体委柔道教练黄小姐给她当"保镖"。

通过这次接触,宁青已经彻底摸清了蔡某其人,项目指望他肯定要砸。但自己又不是轻言放弃的人,更何况前两期合同丢得太窝火,此次就是做不成,也一定要弄清是非曲直。经过多渠道信息梳理,得知蔡某的夫人为人善良,与兄长手足之情甚笃,丈夫的为人她不仅了解而且深为苦恼,曾几次为丈夫收拾残局和排忧解难。掌握了这条线索,宁经理反复思虑斟酌,决定直接到蔡某家登门拜访,争取从他夫

人,即董事长妹妹身上找突破口。

通过登门拜访和单独约见蔡夫人,终于迎来了转机,正是在蔡夫人的引见下,宁青才得已与董事长见面,也才使王董下决心以此为契机实行内部整顿。

4. 拨云见日,亮相高层,柳岸花明又一村

董事长率队考察终于成行了,成员是其管理层核心的王副总、李财务总监和黄总工程师以及董事长夫人,显然是特意没有让蔡某参与。宁经理对此次考察作了精心安排,考察非常顺利,董事长不仅对绿色环保的永磁同步无齿轮电梯的制造、配置、品质和公司形象、规模、服务体系等卖点和综合优势进一步认可,还从战略高度与电梯公司总裁一起交流了对外资控股企业的管理,对 X 特色的营销模式、现场管理、财务管理、人力资源管理和标准化信息化系统的推进等表现出极大的兴趣,当即就双方今后的战略合作达成了意向和基本原则框架。回到当地,王董在公司重新组建了电梯战略招标领导小组,亲自任组长,由王副总和蔡某两人任副组长,李总监任评标负责人。蔡一手遮天、瞒天过海的格局被彻底打破。经过竞标和内部议标,最终 X 品牌胜出,不仅此项目 16 台电梯中标签订正式合同订单,双方还正式签署了近三年 150 台电梯战略合作协议。对于宁经理来说,可谓完成了一例力挽狂澜、拨云见日的经典佳作。

5. 合同虽签,风险尤在

蔡某操纵采购权利旁落,欲望破灭,对宁青和她的公司耿耿于怀,在合同条款、付款条件、交货期、安装配合以及诸多需甲方配合的方面态度暧昧，百般刁难，合同细节的谈判异常艰辛，尤其是违约责任条款，蔡某表现出一副维护己方公司合法权益的"大义凛然"姿态，坚决在工期逾期、售后服务、电梯故障排除超时等条款上注明对乙方超出常规的重罚。对于这些压力，宁青衡量只要在《合同法》的范畴之内就可接受。她意识到此合同虽以自己战胜竞争对手和蔡某暂时告一段落，但真正的角力还在后面，对自己的能力、意志和修养的考验还将更加严峻，同时这也将是对己方团队协作和整个安装、售后服务体系的一次严格检验。从这个意义上看，这未必是坏事。从项目进展分析，虽然风险尤在，但只要坚持合作双赢，必能排除干扰。

　　围棋乃君子之器，弈者多为儒雅之士，盘中蕴含合理合规的竞争之道。此乃棋理之本，然而玩家却鱼龙混杂，良莠不齐。电梯销售也是一样，其中极少数人为了一己之利，违背商业道德和做人的基本准则，胆大妄为，置国家法律法规于不顾，玩弄权术，欺上瞒下，对销售人员极尽权钱交易甚至敲诈勒索之能事，对此，不仅考验销售人员的意志、胆识和抵御诱惑的品质，更是考验其智慧和勇气。本案例的典型之处在于，若想邪不压正，不仅需要正的信念、正的行为和举止，还需要正的思路和方法，尤其需要正的计谋与韬略。在有效保护自己的同时机智地绕过陷阱，最后取得成功。

电梯销售典型案例七
一个朋友的电梯销售心得:销售人员容易犯的十大错误

电梯界做销售的朋友在一起交流,大多喜欢谈成功的案例和做销售的艰辛,老林却不然,喜欢总结和反思。下面就是他的心得:

我已经做了若干年电梯销售工作。这些年来,经过部门经理的教导、优秀同事的现身说法以及自己的摸索,好不容易总算入门了,自己也总结了不少经验,慢慢地悟出了做电梯销售的其中三味来。特别是,电梯营销人员只有少犯错误,不犯同样的错误,杜绝低级错误,方能成功。以下是电梯销售人员经常会犯的十大错误。

1. 不够自信或过于自信

第一个常犯的错误是表现得不够自信,或是对自己估计过高。不自信是新手的通病,感觉拜访客户心里没底,不知道该如何表达,不知道如何交流、如何推荐自己。当然拜访客户多了,自然就有底了,可新人该怎么办呢?我的建议是做好充分的准备。说实话,经常拜访客户的朋友都知道,有时候到客户办公室,往往也就三言两语,经常10分钟不到就出来了,如何利用好这10分钟,就是个大学问了。很多优秀的销售人员,为了这10分钟的表现,自己在下面做了可能是10个小时甚至是10天的准备,正应了文艺界有句行话,叫"台上一分钟,台下十年功"。从客户的年纪、性别、性格到兴趣爱好、谈话方式等都要做好准备,更重要的是围绕客户的需求点该问哪些问题,以什么方式来问,如何表达得更准确等。这些看起来复杂,但如果经常让自己按照这个来做,慢慢地就会得心应手,操作起来就会很熟练了。同样,对自己估计过高,也是非常有害的,这往往表现在过于自信和不谦虚甚至傲慢,让客户产生抵触情绪。有一次,我对客户说:我的品牌是国内顶级的,你的项目只有用我们的电梯才称得上是郎才女貌,客户立马皱起了眉头,很严肃地对我说:看来我是非你不嫁,你是娶我无疑啰?我的脸瞬间红到耳根,恨不得有地缝能即刻钻进去!显然,以上这两种情况都是心态出了问题。

2. 缺乏耐心和忽略细节

第二个常犯的错误是不够耐心和细致。其实电梯销售不是光只会跟人谈话、只会表达那么简单,还需要有坚韧的性格和细致正确的思路。你要能慢慢地引导客户向你的思路上转移,这个过程可能是缓慢和艰苦的,但却是必要的,耐心显得尤其重要,急躁的心态只会把客户吓跑,或是让客户产生反感。

当年,我的第一个订单就是因为急躁差点丢掉,客户的总经理说可以签合同了,但负责技术的总工说要等土建勘测和技术确认完成后才能签,我当时怕夜长梦多,就在技术参数都没完全确定的情况下把合同拿了过去,结果,对方总工很恼火,坚持要我们会同设计院确认,三方确认签字盖章后才能签合同。事实证明,客户的要求是完全正确和非常必要的。

3. 不做计划不善总结

第三个常犯的错误是不做计划和总结。现在大部分公司都会让销售人员做计划和总结,有的是做月计划和总结,有的是做周计划和总结。我要求公司的每个人每天都必须做总结和计划。因为只有有明确的计划才能有明确的思路和行动。当初有段时间我每天早上一到公司,先坐在那里发呆,然后再思考今天该干吗,想了半天才想起来有个客户好久没联系了,于是临时打个电话给客户说要去拜访他,打完后匆忙收拾好资料就赶到客户那里,送了资料,说了几句话,然后返回公司算是交差了。后来想想的确可笑,这样的销售工作有用吗?即使每天都出去拜访客户,到头来能指望出订单业绩吗?

4. 只埋头拉车不抬头看路

第四个常犯的错误是低头拉车没有抬头看路,没有拿出足够的时间来研究业务。从业伊始,我对敬业和执著倒是很崇尚的,那阵子整天很忙,每天都拜访三五个客户,可以说是非常勤奋的,但很奇怪,到了年底我的销售额并不理想。为什么呢?经过反省我感觉是没有找准方向,漫无目标地在搜索客户,漫无目的地拜访客户。没有清晰的思路、正确的方案和极具针对性的操作方法,这种盲人瞎马的工作方式显然是错误的。看看那些在市场上驾轻就熟、游刃有余的优秀销售人员,他们往往一周才出去两三次,懂得建立人脉和维护客户关系,充分利用资源,看起来轻松潇洒,年底销售业绩却非常好。所以,我开始注重学习他人之长,补己之短,深刻体验到电梯销售其实不光是勤奋就行了,还需要动脑子。所以我学会了抬头看路,时刻看准方向,确保少走或不走弯路。

5. 了解客户能力的不应有缺失

第五个常犯的错误是缺乏搜索客户详细资料的能力。开始销售电梯好几个月,我这方面的毛病很严重,我现在手下很多销售人员也有此毛病,已经拜访了某个客户不下 10 次,回头问他这个客户年纪多大、家住那里、婚否、有孩子吗以及联系电话等基本信息,他支支吾吾半天答不上来,最后只好用可能、也许、大概之类的话自己糊弄自己。其实这些都是小事,没有必要细究,但可以看出一个销售人员对客户的研究程度。试想你连客户的一些基本资料都没搞明白,你怎么去深入了解其公司性质、投资资信状况以及项目进展和决策流程呢?你又如何指望他跟你进行几百上千万的订单的谈判呢?他又凭什么信任你呢?

6. 过于倚重价格因素

第六个常犯的错误是销售产品过于倚重价格因素。市场竞争从表象上看好像价格因素是决定成败的关键,但深入到运作层面,你会发现其实有 80% 的客户选择你都不是唯一地看重你的价格。如果只会靠比别人价格低来赢得客户，那么销售就太简单了。所以过分倚重价格往往是手段单一、销售技巧贫乏的表现。我的一位老客户对我说：如果我认为你还不具备做我朋友的资格，如果我还不了解你的品牌和卖点，如果我感受不到你们的服务体系的保障，你就是价格再便宜我也不一定选择你。可见，客户的认可首先是对人的，其次是品牌效应、品质和服务保障，再其次是性价比。所以，销售人员要定位准确，工作要扎实，要掌握用综合优势减轻价格压力的方法技巧。正是有了这样的体验，老实说，我的合同质量才有了很大的提高。

7. 忽视客户的程序和流程

第七个常犯的错误是没有搞清楚客户的采购（决策）过程（流程）。很多销售人员面对比较复杂的客户的时候，没有理清里面的人物关系，也没有理清这些人是通过一种什么程序来完成决策的。这种错误在面对大型招标的时候100%是要失败的。我在这方面的教训也是很惨痛的！我曾经很努力地去面对一位客户的项目经理，送图纸、送资料，隔三差五陪吃陪喝陪玩，几乎是有求必应了，这位经理也是假戏真做，摆出一副可以拍板决策的架式，说他的老板在香港，全权委托他来决定。结果跟踪了快一年，到了要订合同的前夕突然冒出个项目招标组，组长是老板的夫人（财务总监）。此时，对手已经做了她的工作，所以我闹了个鸡飞蛋打，成本和时间都打了水漂不说，信心还受到很大的打击。痛定思痛，我悟出了其中的要诀：再复杂的客户其实关键的人物也就一两个。而新人做销售时往往在客户那里见到一个人就把他当上帝,小心翼翼地"伺候"着,生怕得罪,其实这也没有错,但你没有突出重点人物就不对了。

8. 过早推介产品和报价

第八个常犯的错误是过早地把自己的产品进行推介和急于报价。这一点我在做项目的好长一段时间内都认为是必要的,现在才感到有问题,这恐怕也是大部分人都容易产生的错觉吧。只要一见客户,销售人员往往感觉机不可失,不仅很着急地把自己的产品特点以及产品方案优势等一股脑儿摊给客户,更要命的是只要客户要求,不管项目进展到什么程度和与客户的决策层关系如何就急于报价,他们不理解其实大部分项目销售都是理性进行的,过早暴露只会成为对手攻击的靶子或是成为客户研究的对象,往往同时也会过早地暴露自身产品的缺点和抵消你原本很自豪的卖点。同时由于没有对客户和竞争对手进行充分了解,报价是主观的、盲目的,没有科学依据和客户基础,因此也是有害无益、不利于竞争双赢的。只有等到条件基本成熟时,再把自己的产品特点和报价拿出来,给竞争对手致命一击,这才是非常关键和有效的。

9. 讲得太多听得太少

第九个常犯的错误是讲得太多,听得太少。这个其实是很多销售人员的通病,特别是一些新手和性格比较外向、表现欲特强的人。我当时就比较典型,每每到了客户那里,就是一通叙述,从自己的产品一直说到自己公司的情况,俨然以专业人士自居,说完后就带着极佳的自我感觉回来了。客户有什么意见?不知道;客户的需求点是什么?也不知道;客户的感觉如何?那就更不知道了。这时候,我的上司并不直接批评我,而是继续问我:"你下次去客户那里打算再说些什么呢?呵呵!"

10. 不愿做自认为是"擦屁股"的工作

第十个常犯的错误是不做售后随访。以前产品卖出去以后,我总认为销售工作已经圆满结束,甚至认为后续工作是"擦屁股"的活,应该是安装和售后人员的事,于是就在客户面前蒸发了。安装售后有问题,客户找不到我,就觉得是我甚至是我的企业欺骗了他,客户感觉我的产品挺好,想把我推荐给他的朋友,结果想找我也都找不到了。这岂不是比直接丢钱包还可惜。其实这是很愚蠢的,好不容易获得的人脉资源,就这样三文不当二文地丢了。要知道,拜访这些购买了你的产品的老客户,比你新找客户要省很多精力,而且效果更好。这笔账我怎么就这么不容易算对呢?

我想我们销售人员特别是新手犯过的错误恐怕还远不至上述十个吧,应该告诉他们的是:做电梯销售所交的"学费"是很昂贵的。当我们已经直接或间接地交了"学费",就没有理由再犯同样的错误和再交一次学费。我们这些"过来人"有责任也有义务引导新人养成善于总结反思的习惯,使我们整个营销团队都变得更加"聪明"起来。

围棋专业棋手都要研究棋谱,每次比赛不管

输赢局后都有复盘的习惯,主要是通过棋谱研究前辈高手经典棋局中的定式和变化,结合自己行棋中的胜败得失经验,找出差距和问题所在,达到拓宽思路、悟出境界之目的;复盘更是对应"吾日三省吾身"的儒家做人之道,凭记忆的基本功,认真仔细地回放自己下过的棋局中的每一步棋,从而反思过失和总结心得。当年毛泽东同志就曾告诫党员干部:"错误和挫折教训了我们,使我们会变的聪明起来……"电梯销售工作既然是一门与人打交道而且具有专业性强、周期性长、竞争异常激烈的行当,对销售人员的素质要求就非常高了,所以不少缺乏修炼、悟性不够、道行不深的人犯错就难免了。本案例虽不是具体的项目运作案例,但它却是若干案例的总结,有心者特别是入行不久的销售人员仔细品其三味,或许会感同身受、茅塞顿开,再回到销售一线面对客户时,底气就会足了许多。

电梯销售典型案例八
读古文《触龙说赵太后》悟谈判技巧

日前偶读古文《触龙说赵太后》,将其与谈判技巧联系起来,感触颇深,于是忍不住在白话译文的基础上胡乱作注,欲以一己愚见引发对现实销售和商务谈判工作的思考。黑体注释乃本人观点,仅供参考。

(古文原文)赵太后新用事,秦急攻之。赵氏求救于齐,齐曰:"必以长安君为质,兵乃出。"太后不肯,大臣强谏。太后明谓左右:"有复言令长安君为质者,老妇必唾其面。"

左师触龙愿见太后,太后盛气而揖之。入而徐趋,至而自谢,曰:"老臣病足,曾不能疾走,不得见久矣,窃自恕,而恐太后玉体之有所郄也,故愿望见太后。"太后曰:"老妇恃辇而行。"曰:"日食饮得无衰乎?"曰:"恃粥耳。"曰:"老臣今者殊不欲食,乃自强步,日三四里,少益嗜食,和于身。"太后曰:"老妇不能。"太后之色稍解。

左师公曰:"老臣贱息舒祺,最少,不肖;而臣衰,窃爱怜之。愿令得补黑衣之数,以卫王宫。没死以闻。"太后曰:"敬诺。年几何矣?"对曰:"十五岁矣。虽少,愿及未填沟壑而托之。"太后曰:"丈夫亦爱怜其少子乎?"对曰:"甚于妇人。"太后笑曰:"妇人异甚。"对曰:"老臣窃以为媪之爱燕后,贤于长安君。"曰:"君过矣!不若长安君之甚。"左师公曰:"父母之爱子,则为之计深远。媪之送燕后也,持其踵,为之泣,念悲其远也,亦哀之矣。已行,非弗思也,祭祀必祝之,祝曰:'必勿使反。'岂非计久长,有子孙相继为王也哉?"太后曰:"然。"

左师公曰:"今三世以前,至于赵之为赵,赵主之子孙侯者,其继有在者乎?"曰:"无有。"曰:"微独赵,诸侯有在者乎?"曰:"老妇不闻也。""此其近者祸及身,远者及其子孙。岂人主之子孙则必不善哉?位尊而无功,奉厚而无劳,而挟重器多也。今媪尊长安君之位,而封之以膏腴之地,多予之重器,而不及今令有功于国,一旦山陵崩,长安君何以自托于赵?老臣以媪为长安君计短也,故以为其爱不若燕后。"太后曰:"诺,恣君之所使之。"于是为长安君约车百乘,质于齐,齐兵乃出。

子义闻之,曰:"人主之子也,骨肉之亲也,犹不能恃无功之尊,无劳之奉,而守金玉之重也,况人臣乎!"

（以下是白话译文，括弧中黑体字是笔者注释）

赵太后刚刚执政，秦国加紧攻赵。赵国向齐国求救。齐国说："一定要把长安君作为人质，才派兵。"（**谈判的标的**）赵太后不肯答应，大臣们极力劝说，太后明确地对大臣说："有哪个再来说要长安君为人质的，我就要把唾沫吐在他的脸上。"（**谈判的关键难点**）

左师官触龙希望进见太后，太后气冲冲地等着他。触龙来到宫中，慢慢地向前走，到了太后跟前谢罪道："我脚上有毛病，竟不能快步走。好久都没见您了，我还自己原谅自己哩。我怕您玉体欠安，所以想来见见您。"（**沟通的开始主动营造和谐气氛**）太后道："我靠车子才能行动。"触龙又问："每日饮食该没减少吧？"（**从关心谈判对象的身体和饮食起居切入最自然也最具亲和力**）太后道："不过吃点稀饭罢了。"触龙说："我近来很不想吃什么，自己只勉强散散步，每天走三四里，稍稍增加了一些食欲，身体也舒畅了些。"（**以与谈判对象相似的自身实例加以引导，期望对象产生感同身受的效果**）太后说："我做不到啊。"太后的怒色稍稍地消了些。（**果然见效，初步缓和不利局面，争取了进一步游说的机会**）

触龙又说："老臣的贱子舒祺年岁最小，不成器得很，而我已经衰老了，心里很怜爱他，希望他能充当一名卫士，来保卫王宫。我特冒死来向您禀告。"（**以准备让自己年幼的儿子为国效力之事为切入谈判正题做铺垫**）太后答道："好吧。他多大了？"（**果然引起作为女性的特定谈判对象的兴**

趣)触龙道:"十五岁了。不过,虽然他还小,我却希望在我没死之前把他托付给您。"(敏锐地在谈判对象的兴趣点上引申和发挥)太后问道:"男子汉也爱他的小儿子吗?"触龙答道:"比女人还爱得很哩!"(显然局面已进入己方设定的谈判策略之中)太后答道:"女人格外疼爱小儿子。"(继续在某一论点上引导出谈判对象的思维定势)触龙说:"我私下认为您对燕后的爱怜超过了对长安君。"(有意用可能引起异议的观点再做铺垫并试探谈判对象的心理底线)太后道:"您说错了,我对燕后的爱远远赶不上对长安君啊!"(迫使谈判对象说出维护造成谈判障碍的真实理由)触龙言道:"父母疼爱自己的孩子,就必须为他考虑长远的利益。(用站在对方的立场但比谈判对象思维增值的理念立论,作为进一步说服的坚实基础)您把燕后嫁出去的时候,拉着她的脚跟,还为她哭泣,不让她走,想着她远嫁,您十分悲伤,那情景够伤心的了。燕后走了,您不是不想念她。可是祭祀时为她祝福,说:'千万别让她回来。'您这样做难道不是为她考虑长远利益、希望她有子孙能相继为燕王吗?"太后答道:"是这样。"(在深入了解谈判对象的基础上用对象本身经历的事实对自身立论加以印证并做到了有理有据)

左师触龙又说:"从现在的赵王上推三代,直到赵氏从大夫封为国君为止,历代赵国国君的子孙受封为侯的人,他们的后嗣继承其封爵的,还有存在的吗?"太后答道:"没有。"触龙又问:"不只是赵国,诸侯各国有这种情况吗?"太后道:"我还没听说过。"触龙说道:"这大概就叫做:近一点呢,祸患落到自己身上;远一点呢,灾祸就会累及子孙。难道是这些人君之子一定都不好吗?但他们地位尊贵,却无功于国;俸禄优厚,却毫无劳绩,而他们又持有许多象征国家权力的器,(**事实和案例如果单一就缺乏足够的说服力,以多个例子加以佐证,足以令谈判对手信服**)这就难免危险了。现在您使长安君地位尊贵,把肥沃的土地封给他,赐给他很多象征国家权力的器,可是不趁现在使他有功于国,有朝一日您不在了,长安君凭什么在赵国立身呢?我觉得您为长安君考虑得太短浅了,所以认为您对他的爱不及对燕后啊!"(**转入最终的主题,使谈判对象明白如果维护原先的立场显然会使自身的利益受损**)太后答道:"行了,任凭您把他派到哪儿去。"于是为长安君准备了上百辆车子,到齐国作人质。齐国于是派兵救赵。(**关键障碍彻底排除,谈判取得圆满成功!结果双赢**)

　　了义听到这事说:"国君的孩子,可算是国君的亲骨肉了,尚且还不能凭靠无功的尊位、没有劳绩的俸禄来守住金玉宝器,更何况是人臣呢!"

　　　　谈判者触龙在知己知彼的前提下,首先机智地化解了可能被太后把唾沫吐在脸上使谈判破裂的风险;其次以诚信为导向,避免空洞说教,始终站在对方的立场,用对方和自己亲历的生动事实循序渐进地加以引导,并潜移默化地改变了对方固有的认识;不仅如此,还旁征博引以多个案例立体地佐证自己的观点，最终做到了用升值的理念促使对象感悟并获得对自己观点的认可，使谈判获得成功，太后作出愿以其幼子为人质和请齐国出兵相救的决定。触龙真可谓谈判高手。

围棋之所以被人称为"手谈"，其实也是和谈判一样在斗智斗勇，通过棋局中你一手我一手的交锋，掌握对手的行棋风格、套路和步调甚至心理，通过敏锐的观察、正确的判断、理性缜密的思考和深厚扎实的功底，在正确的时间和不同的棋局环境中下出正确的棋，最终取得胜利。

电梯销售技巧疑难杂问100题

1. 拜访客户遭遇冷落怎么办?
2. 见不到客户高层决策者怎么办?初次见到客户决策层如何在最短的时间内尽可能给对方留下较深的印象?
3. 当因接触不久,见面一时忘了客户的姓名怎么办?
4. 客户提出的问题一时解答不了怎么办?
5. 发现你的同事或搭档面对客户出现差错时怎么办?
6. 客户提出不合理要求怎么办?
7. 客户要求在产品上打进口标识怎么办?
8. 如果客户出言不逊该如何应对?
9. 客户因不懂电梯而固执己见时怎么办?
10. 你认为客户采购电梯最关注哪几个方面?
11. 客户拒绝了你第一次邀请后如何避免再次遭到拒绝?
12. 约见客户事先要考虑哪些问题?
13. 当在和甲客户洽谈时乙客户要约见你怎么办?
14. 按约定接送客户,因客观原因迟到了怎么办?
15. 在客户不守时的情况下你与其相约还有必要守时吗?
16. 你会注意电话接听的信息含金量吗?
17. 不同场合会见客户应如何着装最得体?
18. 宴请客户如何当好主宾或主、副陪?
19. 宴请客户时,对方是外宾或伊斯兰及其他少数民族该注意哪些问题?
20. 与客户喝茶聊天如何选择工作以外的话题?
21. 客户的哪些基本信息对销售最重要?

22. 当得知客户有婚丧嫁娶或因伤病住院时该如何对待?
23. 以公司名义赠送客户什么样的小礼品最合适?
24. 客户对电梯厂家考察行程事先应作哪些安排?
25. 客户考察样梯前应做哪些准备工作?
26. 客户考察遇到不尽如人意时怎么办?
27. 客户属于股份制企业,股东多方关注电梯采购怎么办?
28. 衡量优秀销售人员的标准有哪些?
29. 哪些业余爱好会对电梯销售有好处?
30. 哪些不良嗜好会直接影响电梯销售?
31. 销售人员性格特点中诚实、稳重、儒雅、精明、灵活、直率等,哪些更受客户欢迎?
32. 电梯销售人员应具备的素质如诚信、敬业、专业、勤奋、悟性、能力、运气、博学、耐力、灵活性等,按照重要性如何依次排列?
33. 作为优秀的电梯销售人员或销售管理者,了解市场、开拓市场应从哪些方面入手?
34. 项目的跟踪操作,是有能力的个人实施好,还是有搭档或团队分工协作进行更好?
35. 什么样的项目是大项目?
36. 如何有效实施项目登记管理?
37. 样板工程对促进电梯销售的意义何在?
38. 怎样理解"大市场,小区域"的市场经营管理模式?
39. 销售人员面对客户时为何必须注重倾听?
40. 如何在推介品牌和介绍公司情况时准确抓住客户心理需求?
41. 如何寻求产品"卖点"与客户"买点"的结合?
42. 谈判中应该在客户的哪些兴趣点上发挥和引导?
43. 商务谈判前要做哪些准备?
44. 谈判的内涵和精髓是什么?
45. 谈判时个人魅力靠什么支撑?
46. 如何寻求谈判的最佳气氛?
47. 谈判中如何打破讨价还价的僵局?
48. 价格比较不在一个平台上怎么办?
49. 因非标要求客户改土建怎么办?
50. 谈判中如何打破客户对功能、配置、装潢等特殊要求的僵局?
51. 谈判中如何打破安装配合方面的僵局?
52. 谈判中如何打破客户对质量保证要求过高的僵局?
53. 谈判中如何打破付款方式的僵局?
54. 谈判中如何打破能否承诺的僵局?

55. 谈判中如何打破交货期限过短的僵局？
56. 谈判中如何打破客户对合同文本、附件方面要求的僵局？
57. 电梯供货合同中为什么不宜写上"本合同为交钥匙工程"字样？
58. 客户对合同草案的某项条款临时变卦了怎么办？
59. 遇到你暂时不能拍板的问题时怎么办？
60. 如何在谈判桌上谈论竞争对手？
61. 如何处理与竞争对手的关系？
62. 竞争性谈判对手在场时有哪些注意事项？
63. 对价格、产品配置等信息如何进行保密？
64. 谈判时面对老客户遇到的新问题如何应对？
65. 要提高政府采购中标成功率平时须做好哪些工作？
66. 电梯招标项目怎样才能真正做到"公平、公开、公正"？
67. 电梯招标与投标的概念区别是什么？
68. 电梯销售人员为什么应该关注招标中心？
69. 制作标书的难点在哪里？
70. 报价须留有谈判空间和余地吗？
71. 如何在报价中体现诚信？
72. 电梯销售合同中"定金"和"订金"的区别何在？
73. 违约金和定金的法则可以并用吗？
74. "履约保证金"和"履约保函"有何异同？
75. 如何界定"人为因素"和"不可抗力"因素对电梯销售造成的影响？
76. 应收款变成坏账的原因是什么？应从哪些环节加以防止？
77. 仲裁和诉讼对解决合同纠纷的意义有何不同？
78. "法人授权书"和"制造商声明"的法律意义有何不同？
79. 销售人员如何应对客户电梯故障投诉？
80. 如何熟悉、掌握和运用销售、管理软件系统？
81. 销售管理软件系统对销售管理的意义何在？
82. 销售管理软件系统对销售支持有何帮助？
83. 代理商审核需提供哪些材料？
84. 发展代理商应关注哪些要素？
85. 如何评价和衡量代理商的品牌忠诚度？
86. 如何管理资格老、实力强的代理商？
87. 代理商多品牌经营如何处理？
88. 地区"独家代理"和"多家代理"同一品牌电梯产品有何利弊？
89. 代理商如何充分利用工厂资源使其利益最大化？
90. 怎样帮助客户消除代理销售是增加了中间环节的心理障碍？
91. 代理商与厂家代表对客户的影响和效果有何异同？

92. 作为工厂代表,对两家甚至多家代理商争抢同一项目该如何处理?
93. 厂方代表对代理商的管理、支持、协调、配合应掌握哪些原则?
94. 你能分别说出代理商经销、代销的合法利润来源和不同的风险责任吗?
95. 什么是电梯行业的专业化协作?
96. 如何选择战略联盟合作伙伴?
97. 什么是地标性建筑?
98. 什么叫贴牌生产?
99. 销售人员参加电梯博览会应关注哪些信息?
100. 房地产交易会上哪些信息对电梯销售有价值?

1. 拜访客户遭遇冷落怎么办？

首先应客观分析客户对你冷落的原因。通常有以下几种：

（1）不愿接触；

（2）工作忙、电梯采购尚未摆上议程；

（3）心情不好；

（4）对你不认可；等等。

这些情况大多是前期刚接触客户时会发生的。不愿接触可能是之前对你的品牌和企业不了解或已在心目中认可了某一品牌而对你产生排斥。因此要有耐心寻找化解这种排斥的办法。服务是其中的一把钥匙。职业精神也可能感化客户。工作忙、未到议程或心情不好只是暂时的，可再找合适的时间和机会；对你不认可是对你的形象、气质或行为举止的不认可，应该加以反省，在可能的条件下，着力改变衣着、外表形象和注意自己的行为举止，避免客户反感，尽力把自己最好的一面展示给客户。同时还应保持良好的心态，经得起委屈，只要没有伤害到人格，脸皮"厚一点"并不丢人。

2. 见不到客户高层决策者怎么办？初次见到客户决策层如何在最短的时间内尽可能给对方留下较深的印象？

客户高层大多办公地点和时间很不确定，对于普通电梯推销者更是不轻易接见，即使明明在办公室，也大多要秘书挡驾或要下面人员接待。这就要求销售人员不能操之过急。通常要考虑几种接触的机会：

（1）通过客户下面有实力的经办人推荐；

（2）利用社会资源中与客户单位有接触或是朋友关系的人介绍引见；

（3）在合适的场合和合适的时间毛遂自荐；

（4）通过信函、电话或短信、邮件约见等。只要心诚，见面的机会应该是有的。

有了见面的机会，要善于很好地把握，客户高层一般不会有时间和耐心听你滔滔不绝介绍产品和做空泛的宣传，此时你一定要利用很短的时间，简单介绍自己和公司后主动触及客户最关心的问题，即市场占有率、品牌效应及样板、价格和售后服务的综合优势及充分的诚意和自信，切记要简单扼要，无须展开。期间根据客户的态度和兴趣点来考虑沟通的深入程度，也可乘机约定下次见面的机会，达到增加了解、建立友谊的目的。

3. 当因接触不久，见面一时忘了客户的姓名怎么办？

客户因接触时间不久一下想不起姓名也很正常，但有时毕竟有些尴尬和显得不够礼貌，在此种情况下，销售或接待人员应根据不同场合、不同对象采用不同称呼。在知道客户身份职位的较正式场合用老总、经理、局长、处长等称呼；在气氛较为融洽的非正式场合用领导、前辈、老师、老哥、大姐等相对亲切而又不失分寸的称呼。但应随时注意客户随行人员相互之间的称呼，也可在客户不觉察的状态下向同事或代理商核实客户姓名。了解后应很自然地改变称呼。实在难以回避的，应主动表示歉意，可以上次名片不小心被自己丢失等客户能够理解的理由，请求客户再赐名片，从而将尴尬降低到最低程度。达到既对客户保持了应有的尊重，又维护了自身形象和风度的理想效果。

4. 客户提出的问题一时解答不了怎么办？

客户的问题五花八门，千奇百怪，可大体分为品牌品质问题，专业技术问题，价格及商务、法律问题，安装、装潢及售后服务问题和其他问题这几大类。在诸多问题中，比较难以回答的主要是涉及最敏感的价格问题、技术非标问题、配置功能问题及风险责任问题等，特别是在与以上问题相关的客户不是很懂行或主观性较强的情况下难度更大。在涉及权限和暂不能拍板或者的确自己不懂的技术问题一时解答不了的情况下，销售人员不能轻易表态，但要明确给客户答复的期限，该请示的请示，该确认的确认，该请教的请教，搞清楚以后在承诺的时限内再给客户一个满意的答复或准确的解释。出现一时解答不了的问题时，既要尽量避免犹豫不决、吞吞吐吐的情况，也不能不懂装懂，越权表态，使自己陷于被动。还要注意表达方式和客户关系的维护，使客户的满意度得到提高。

5. 发现你的同事或搭档面对客户出现差错时怎么办？

与同事或搭档面对客户，由于事先没有充分沟通或缺乏默契，在回答客户提问或在洽谈中有时可能会产生不一致甚至明显差错，此时应及时暗示同事或搭档要以你为主来谈。为纠正偏差，你可以公司销售负责人的身份向客户说明，用婉转的语气和准确的表述更正出现的偏差。如涉及价格、付款、交货期、违约责任等核心敏感问题，则可以向客户重申以己方书面报价书或标书为准；如果属于技术方面的问题，可以探讨的方式表示再行磋商；至于细节方面的差错，只要不损害公司利益和不具有潜在风险，同时也不会给客户利益造成损失和留下隐患，也可将错就错。

6. 客户提出不合理要求怎么办？

社会是复杂的多元化的综合体，客户的素质当然也是参差不齐的。在与客户交往中，少数客户会提出一些显然是不合理或与其身份不相符合的要求，在这种情况下，我们必须把握原则和尺度。那就是：不能违背国家法律、法规，不能违反公司规定和职业道德规范，不能随意承诺和不考虑公司风险，不能有损公司企业形象，不能损害客户公司利益。这就必然形成对客户不能有求必应的情况，但同时又要求我们必须委婉和艺术地对待，拒绝的方法应是含蓄的、变通的、引导性的。总之，应投其积极、健康、进取和发展、双赢之好，想其合理、合法、合规之想，做对其有礼、有节、有利之事，把客户的要求尽最大努力引导到这方面来。对于极少数如索贿、走私、洗钱、赌博、嫖娼、诈骗等非法行为的所谓"合作"要求，则应坚决予以拒绝。

7. 客户要求在产品上打进口标识怎么办？

其实，客户这一要求本身是不对的。首先有违国家《商标法》，属明显造假，即使做了，也会由于无原产地证明、进口报关单及与产品合格证不符等原因而无法通过验收；其次是在明知买国产或合资品牌电梯的投入少于进口梯很多的情况下，要求厂家贴进口牌，说明对工厂的品质从内心还是认可的，只想图个"原装进口"的虚名而已。针对这种情况，除了需要耐心细致地做好解释工作以外，还要在提高客户对我们品牌的认知度和在安装、维保及配件供应保障等方面的优势上引导客户，使对方真正感受到国内知名品牌电梯已经达到甚至在有些方面优于进口品牌，从而打消其要求"贴牌"的想法。

8. 如果客户出言不逊该如何应对？

这样的客户当然是极少数，但很难说就不会被你碰上。客户的"蛮横"应该是暂时的或有特定对象的，此时，你应该有足够的心理承受能力，经得起委屈，冷静地分析客户是不认可你的品牌和企业呢，还是对你本人不认可或者兼而有之。对此类客户更要有礼有节，不可冲动。只要不是人格伤害，还是要能够承受。另外，要用智慧变被动为主动，改变交流的方式和策略,比如通过其他资源改善关系,或者用真诚、敬业、耐心、大度、倾听、服务等来感化客户,"精诚所至,金石为开"!当客户真正感觉你是在寻求合作双赢、公平竞争的机会,并能够舍身处地为对方着想时,他们就会对你理解并逐步认可起来。

9. 客户因不懂电梯而固执己见时怎么办?

俗话说:"隔行如隔山。"客户毕竟不是很专业的居多,但却会因为其甲方身份和出于对其项目的责任心,在和我们的工作接触中往往会坚持"外行"意见并比较固执。此种情况下我们既要有耐心,又要注意方法。如果属于技术方面的分歧,我们一是可以数据和资料来佐证我们的观点;二是可以安排我们相关的技术人员和对方的技术人员或设计院的专业人员对口磋商。属于其他方面的问题,如涉及商务、法律的,应通过协商谈判的场合来解决。如涉及其他非原则性问题,则可以暂时搁置,在以后的接触中慢慢解释。其实,"隔行不隔理",客户大多是通情达理的,随着关系的逐步深入和对你的认可,你的意见自然也就会越来越被客户接受了。

10. 你认为客户采购电梯最关注哪几个方面?

总的来讲,所有的客户都会关注品质、价格和售后服务这三个方面,但不同的客户关注的权重却有所不同。例如:政府公建项目更注重品牌品质和服务,好的产品和优质的服务是前提，价格高一点，只要物有所值是可以接受的，当然价格也要有一定的竞争力；房地产开发商和资金实力不足的单位一般对价格和付款要求更高，他们更希望在有限的投入里得到更好的产品和服务；也有的开发商更关注售后服务，因为很可能在其前期开发或使用、管理电梯中吃过服务不好的苦头。此外，也还有客户对轿厢装潢和入梯界面更为在意。因此，销售人员关注客户的关注就显得尤其重要了。

11. 客户拒绝了你第一次邀请后如何避免再次遭到拒绝？

这里一般是指邀请客户吃饭或进行朋友式的非工作性交往。第一次遭到拒绝，如果不是客户的确因工作太忙抽不出时间的话，那就说明客户对你依然不够信任或关系不太融洽。或者说你对客户的兴趣、爱好不够了解，安排的活动内容不太对路。简单讲就是基础工作不到位。你应反省该从哪些方面进一步做工作，要有足够的耐心和自信。与此同时，从你的表现和客户反馈的态度有多大的反差，能衡量出客户对你的认可程度以及你沟通交流的能力高低。有了这些审视和清醒的认识，经过努力，相信再次邀请客户时就能够使对方欣然接受，交往也就会更加自然、和谐了。

12. 约见客户事先要考虑哪些问题？

约见客户当然应有所准备，首先要考虑项目的进展程度和需要与客户沟通或洽谈的问题；其次是有没有需要向客户提供的资料、图纸和报价等；再就是约见不同层次、不同性格、兴趣、爱好的客户以及见面的时间、地点、场所和方式的安排。在考虑好上述情况以后，要征求客户意见，尽量不要违背客户的合理意愿，在此基础上，本着与客户加深了解和增进友谊的目的，安排会见的规格、档次可考虑略高于客户的想象和期望。当然，对约见客户是否会遭到拒绝或其他意外情况，也要做好充分的心理准备。

13. 当在和甲客户洽谈时乙客户要约见你怎么办？

在销售实践中，往往也会遇到这样的情况，即当重要和紧急程度不同的两个问题同时需要你处理时你该怎么办？比如：你正在和某客户洽谈时，突然接到另一客户的电话，让你马上赶往见面。此时，首先要考虑这里能不能走开，其次要考虑另一客户约见的事是否紧急。如果不算紧急的话可以请求与客户改约时间；必须见面这里又走不开的，只能先安排你的搭档或属下前往，如果不合适，也可请你的上司出马，总之，回复客户不能犹豫不决、吞吞吐吐。代替你前去的人要给客户感觉能够解决问题，等你这边结束立即赶往会合，如来不及要给客户解释请求理解后再另约时间。再次见面时不要忘了致歉。要知道，有时细节的疏漏会带来重大的损失。

14. 按约定接送客户，因客观原因迟到了怎么办？

守时应是销售和接待人员必须养成的良好职业习惯，也是尊重客户、抓住商机不容忽视的重要细节之一。当然，因诸如交通堵塞等客观原因造成不能按时赴约的情况也在所难免。预见自己肯定将要迟到，在赶往的途中应尽快用电话或短信告知客户，先表示歉意，并预告可能要求客户等待的时间（一般如很难在一小时内赶到就应该和客户商量是否改期或考虑其他办法），告诉客户自己将以最快的速度赶往。其次，与客户见面以后，当面跟客户道歉，请客户谅解（不要解释太多，这样客户可能会感觉不好）。以后为了避免类似的情况发生，要提前做好准备，提早出发，最好是等待客户而不是让客户等。

15. 在客户不守时的情况下你与其相约还有必要守时吗？

中国的商业行为目前还不是很规范，守时等行为和习惯还未能形成美德的共识，特别是买方客户，还有很多人不能对自己这方面的行为进行自我约束。而作为电梯销售人员，能够约到客户已是幸事了，哪里还会主动爽约或迟到？面对国情和市场现状，销售人员既要理解，又要有引导客户的意识，这就要求我们自身必须坚持守时、诚信的良好习惯和职业风范，并尽量以此去感化影响客户。

16. 你会注意电话接听的信息含金量吗？

虽然每个人都明白，电话是销售的主要联络工具之一，与客户沟通、交流，客户咨询、约见、报价、谈判甚至拍板成交都可以电话方式完成，然而，在销售实践中，并不是每个人都能够认真接听电话或者说难免从接听电话里遗漏掉有价值的信息，所以，接听电话既要细心，又要上心。接听电话时，不仅要能够从来电中立即发现客户或潜在客户的需求、意图及信息的可信度和价值，还要能够明确客户或潜在客户的身份、单位、项目情况以及联系方式，特别是当电话信号不好、客户口齿不清或者方言口音很重时更要留意，应设法让对方慢慢讲清楚，并委婉要求对方尽量用普通话交流。对有价值的信息，接听后应做好记录并立即予以核实，可行的话立即将其列入下一步工作流程。有时候一个电话会带来一个惊喜。

17. 不同场合会见客户应如何着装最得体？

通过着装可以反映出销售或接待人员的商务礼仪水平和自身素养的高低，也在一定程度上体现和代表了公司的形象。着装得体能体现对客户的尊重和接待服务的专业化。不同场合的着装也应有所不同：拜访或接待客户的正式场合，以穿着职业装或公司统一工作服较为合适；参加宴会或仪式等场合以礼服或职业装较为合适；陪同客户参观游览，销售人员可穿着较为休闲和与客户更为融入的服装，专门负责接待的商务助理则按公司要求应穿着礼仪工作服,也可以穿着较为职业、大方、整洁、得体的服装;与客户一起运动休闲则可以穿着体现健康、阳光的运动休闲装。以上着装,女士在服饰、佩带、发型等方面都需考虑与职业及自身的气质等方面相称。总之,要本着"体面端庄、干净整洁,大方得体"的原则着装,避免以邋遢、随便、妖艳、媚俗的衣着装扮面对客户,这样,相信在不同场合都会给客户留下很好的印象。

18. 宴请客户如何当好主宾或主、副陪?

宴请客户,席中首先要邀请客户的最高领导坐上主宾席,东道主的最高领导应坐在主宾右边的主陪席,主宾、主陪左右两边则安排客户的随行人员依次就坐,而东道主的主要接待人员则应坐在主陪对面的副陪席。席前应由副陪主动询问客户口味要求、有无禁忌、酒水品种等,了解后即行安排。酒菜上齐后,主陪应首先举杯,致简短欢迎词后邀请大家干杯。然后请大家随意。副陪则应给大家介绍酒店菜肴特色,询问是否合乎口味,有无其他要求。席间主副陪要相互照应,配合默契。尽量与客户聊些轻松、幽默和有趣的话题,不主动提及业务。敬酒要注意适度、礼节和分寸。不胜酒力要以客户可以理解的理由加以解释,但又要适当地调节和活跃气氛,使宴席在愉快、活跃、亲和、友善的氛围中进行。结束前,主、副陪应同时举杯,感谢客人的光临,表达希望再次相聚和预祝合作成功的美好愿望,并提议为此干杯。

19. 宴请客户时,对方是外宾或伊斯兰及其他少数民族该注意哪些问题?

在接待、宴请外宾、少数民族或宗教人士这些特殊客户时,应该充分尊重对方的风俗和饮食、文化习惯,并特别要注意宗教礼仪。首先要事先征求客户的意见,不能主观臆断。特别注意不能犯忌。宴请或工作就餐,一要避免安排个人忌口的菜肴;二要防止触犯民族禁忌的菜肴,如美国人不吃羊肉和大蒜,俄罗斯人不吃海参、海蜇、墨鱼、木耳,英国人不吃狗肉和动物的头、爪,法国人不吃无鳞鱼,德国人不吃核桃等等;三是必须杜绝触犯宗教禁忌的菜肴。在所有的饮食禁忌之中,宗教方面的饮食禁忌最为严格,尤其如伊斯兰教,应安排专门的伊斯兰餐馆就餐。此外,西方国家的客人不习惯吃中餐,可以考虑安排西餐。在接待礼仪中,也有很多要注意的地方,比如日本人见面要鞠躬,泰国等佛教国家人见面要双手合十,欧美人朋友见面要拥抱,阿拉伯人要贴面等,在握手、递名片时也要注意,例如巴基斯坦人一般认为左手是不洁的,忌讳用左手等等。

20. 与客户喝茶聊天如何选择工作以外的话题?

和客户喝茶聊天应该是在一种亲切、友好、轻松、愉快的氛围中进行。此时应尽量不主动提起业务话题。广义上讲，其他什么都可以聊，但要聊出品位、聊出友谊、聊出理解、聊出兴趣才是销售或接待人员的目的。要根据客户的年龄、性别、身份、性格、文化素养选择话题，如男士大多对政治、体育、房地产、汽车、投资、股市、军事、饮食文化、休闲娱乐等感兴趣；女士则大多对服装、化妆品、旅游、健身减肥、子女教育、艺术、电影电视等感兴趣。切入点可从诸如客户的家乡、读书的学校、创业的年代、家庭成员等话题开始，也可以从考察地的风景名胜、风土人情、名优产品、特色小吃说起。需要注意的是：千万不能孤芳自赏，自话自说，不考虑客户有无兴趣，也不能卖弄见识，喧宾夺主，更不能低级无聊，忘形失态。掌握了这些，相信你和客户的距离将会越拉越近。

21. 客户的哪些基本信息对销售最重要？

这些信息包括客户单位名称、办公地址、法定代表人、具体经办人、联系电话、企业性质、注册资金、开户银行、账号、税务登记号、项目名称、地址、工程规模、进展、建设周期、楼层高度、电扶梯需求量、基本技术、土建参数、客户需求等。掌握了以上最基本的信息，我们才能根据不同客户的不同需求制定切实可行的销售策略和方案，才能更加有力地参与公平竞争以及保障项目运作和获取订单的成功率。

22. 当得知客户有婚丧嫁娶或因伤病住院时该如何对待？

俗话说的好：困难验知己，患难见真情！获得此类信息自然是你与客户进一步沟通感情、加强交往的难得机会，也是客户衡量你在人际交往中能否体现人性化和亲和力的关键时刻。所以，无论从做人或者做事的角度，销售人员都不应忽视这个重要的表现机会。要在了解核实情况的基础上，针对客户的不同事宜采取不同的处理方法。例如：客户伤病住院，你应该赶紧（最好在第一时间）赶到医院，带上鲜花和适合的慰问品，要关切客户的病情和治疗方法，给病人以最大的精神鼓励和安慰；危重病人要与其亲友联络，并给予力所能及的帮助；如果是婚丧嫁娶则要按当地民情风俗，给予适当的礼节性的表示。这些也应掌握分寸，不应因过度而引起客户不满或难堪。总之，要用尊重、平和、真诚的心态来对待客户，使客户感觉到兄弟般的情谊和挚友般的关爱才是理想的效果。

23. 以公司名义赠送客户什么样的小礼品最合适？

以公司名义送礼品给客户，除了要考虑到美观、实用以及价格不超过规定的额度标准外，还要考虑礼品本身所含有的意义。从美观、实用性角度，我们可以选择一些小饰物，如挂件、钥匙扣、女性胸针或者丝巾胸扣等；还可以选择一些文具类礼品，如名片夹（簿）、U 盘、公文包和精美钢笔等;从地方特色产品考虑,可选择杭州的丝绸制品(丝巾、领带、扇子)、茶叶、天堂伞等。从礼品的纪念意义角度考虑,可以赠送印有工厂品牌标识的价格适中、造型精美的小型特色工艺品。作为规范的知名品牌的公司行为,礼品只能是必要的礼节性馈赠,不允许价值过高,也不宜过于贵重,否则将给客户产生不公平竞争和行贿的嫌疑。当然,在上述列举的礼品中,以能体现自身品牌特点和企业文化内涵者为上品,在此基础上如果能再蕴涵人性化的成分可就锦上添花了。比如得知客户生日,则适时地送上一束鲜花和蛋糕,在其中夹上印有公司 logo 和落款的美好祝福的话语,相信会给客户带来意外的惊喜。

24. 客户对电梯厂家考察行程事先应作哪些安排?

落实客户考察意向后,销售人员应首先与客户确认行程、考察目的地和考察的基本内容;协助客户或代理商定购车、船或机票,自驾出行的要事先检查车况,落实出发时间。客户考察工厂的,要及时填写"客户考察联系单"并与总部接待部门衔接。工厂接待人员应至少提前一天与陪同人员(代理商)沟通确认客户来访的具体安排,然后依照陪同人员的要求,帮助预订好住宿酒店,安排好接送车辆。客户抵达前,预订好会议室、接待室,通知洽谈人员作好接洽准备;如需要高层领导会见的,应提前将客户的项目背景及行程安排,以邮件形式通知,并事先与领导秘书衔接落实;同时还要在客户考察期间安排好客户的参观路线,需要看样梯的,要会同专业管理人员选择好样梯项目;还应在尊重客户意见的基础上结合工厂规定,安排好客户就餐、游览。如果需要赠送客户礼品,则应提前按流程审批备好,在客户离开工厂返回前,代表公司赠予。在接待过程中,还应尽量做到随机应变,热情周到。使客户高兴而来,满意而归。

25. 客户考察样梯前应做好哪些准备工作?

销售和接待人员首先要事先了解客户项目情况和需求信息,样梯的选择要对应,力求有代表性,日常运行效果要正常(故障率低、装潢美观、噪声低、卫生状况好等),样梯的楼盘环境要好,在此基础上征求客户意见并给对方有选择的余地;其次应在客户考察前实地进行全面的检查,重点项目考察应增加例行的保养,如发现问题或可能的隐患要立即要求样梯管理和维保人员进行整改。再就是要与样梯单位的物业管理人员做好衔接,以便为客户考察时进出小区或楼盘以及电梯机房提供方便。此外,样梯的用户口碑也是要考虑的,要在样梯本身质量稳定、可靠的基础上与用户单位的管理人员搞好关系,使他们在客户考察时愿意实事求是地为你说话,因为他们的"现身说法"会给客户非常真实可信的感觉。

26. 客户考察遇到不尽如人意时怎么办?

有准备的客户考察出现问题是不应该的,起码说明我们工作的某个环节有瑕疵。比如客户看样梯时出现舒适感不好、噪声大或装潢不好甚至恰恰此时出现故障。这就说明我们一是样梯选择有问题或这方面资源匮乏；二是没能提前对该样梯的运行状况和保养情况有充分的了解和到位的检修、保养。如果客户考察工厂或公司过程中出现问题，除客观原因外，则可能是我们在接待的行程安排、服务态度和质量、洽谈人员素质等环节存在缺陷。因此，事先预防发生不尽如人意的情况很重要，出现问题要有合理的解释和适当的补救办法，而不能给客户以强词夺理的感觉。有时承认缺点的诚恳态度也是很好的补救办法之一。

27. 客户属于股份制企业，股东多方关注电梯采购怎么办？

客户是股份制企业，股东都在公司担任要职，在公司决策中相互监督和制约因素较大，其人际关系的复杂性使电梯销售人员的沟通交流难度加大。对于像电梯这样的大型设备、材料的采购，股东更是都要关心。因此，销售人员应注意以下几点：

（1）对该公司股东及股权构成的了解；

（2）对该公司管理流程和决策程序的了解；

（3）对该公司主要决策者决策能力和其他股东对决策的影响力的了解；

（4）对该公司的资金实力及来源和资信状况的了解；

（5）对该公司项目业绩、信誉度和公司理念、管理规范程度以及管理层素质的了解。

有了上述了解,在拜访和跟踪项目时还要注意既抓住重点人物,又要避免股东之间互相猜忌、相互掣肘。特别要防止越级拜访、厚此薄彼和自相矛盾的情况发生。能否争取主要决策者和大多数股东支持,是项目运作成功与否的关键。

28. 衡量优秀销售人员的标准有哪些?

什么样的销售人员是最优秀的?订单业绩当然是硬道理,然而,这还不够完整和科学,同样的电梯品牌和同样的销售资源,作为销售人员,不仅比别人卖的电梯多,而且比别人赚的利润高和资金回笼快,这才是最棒的!如果给优秀的销售人员画一张速写的话,则他应该是思路、态度、知识、能力、形象、机遇俱佳的精英。思路是决定出路的,态度是做人做事的前提,知识是专业和阅历的体现,能力是个人素养的集中表现,形象是风采和魅力展示的必要条件,机遇是给有充分准备的优秀销售人员的褒奖。综上,销售人员综合素质的高低才是衡量其能否成为优秀销售人员的决定因素。

29. 哪些业余爱好会对电梯销售有好处?

总体而言,积极健康的文艺、体育爱好对人都是有好处的,有时在电梯销售中也能够发挥一定的辅助作用。客户对象的层次、文化素养不同,爱好也有差异,如高尔夫、网球、滑雪、骑马、收藏、书法、绘画等爱好项目受条件和专业性影响,客户涉及得相对较少;而音乐、摄影、棋类、游泳、钓鱼、集邮、球类、武术、射击、保铃球、台球、健身等爱好项目就比较普及,有的客户甚至比较专业。销售人员如果爱好广泛,在与客户交往中通过上述较普及的爱好加深了解增进友谊,显然比单纯的宴请、喝茶、娱乐要自然、亲切和贴近了很多。同时,也通过这些活动展示了你的综合素质,增加了你的人格魅力,这会使客户对你的信任度逐步提高。

30. 哪些不良嗜好会直接影响电梯销售?

黄、赌、毒毫无疑问已是超出不良嗜好范围的违法行为,是必须加以杜绝的。此外,电梯销售人员还应该防止和避免诸如酗酒、不分场合吸烟、不讲礼貌、不讲卫生、忽视环保、语言粗俗、江湖习气、信口开河、撒谎、妄自尊大、不懂装懂、懒惰、不注重细节等不好的行为和坏习惯,否则,往往会因小失大。客户一旦在这些方面对你产生反感,对你的做人做事都会产生怀疑,对你的信任就产生了危机,那就肯定会对电梯销售产生不利影响。

31. 销售人员性格特点中诚实、稳重、儒雅、精明、灵活、直率等,哪些更受客户欢迎?

人的性格、兴趣、爱好、能力和阅历千差万别,销售人员也是如此,但人贵有自知之明,销售人员必须对自己的性格特点和自身优势与不足有比较客观清醒的认识,并能够及时地扬长避短,在客户面前展示出最佳的状态。在销售实践中,如果是性格外向的销售人员,客户似乎更喜欢你具有直率、灵活、敏捷、精明的特点,但更看中或者说最需要检验的则是你的诚实;如果是性格内向的销售人员,客户对你的诚实性更容易接受,同时也喜欢你具有稳重、儒雅、亲和的特点,但比较担心你的自信和直率程度,希望考验你的应变能力和观察你是否有足够的灵活思路。

32. 电梯销售人员应具备的素质如诚信、敬业、专业、勤奋、悟性、能力、运气、博学、耐力、灵活性等,按照重要性如何依次排列?

如果从对销售人员的整体素质要求上讲,应该按职业特点的相对重要性来排列,即诚信、敬业、专业、悟性、能力、勤奋、运气、灵活性、博学、耐力。当然,在具体的销售环境、项目的操作方式和销售对象等不同的情况下,上述基本素质发挥的侧重还是有细微差别的。比如在谈判场合对诚信、专业、能力、灵活和博学等方面的素质要求较为突出;而在拜访客户、项目跟踪过程中,敬业、悟性、勤奋、灵活性和耐力又似乎更为重要了。

33. 作为优秀的电梯销售人员或销售管理者,了解市场、开拓市场应从哪些方面入手?

了解市场、开拓市场应从以下几方面入手:
(1) 宏观经济、政策法规对电梯行业的影响;
(2) 全国和地区市场各类电梯需求量及年度增长

状况；

（3）房地产业和城市基础设施建设的现状和发展前景；

（4）地区品牌效应、样梯效果及用户口碑；

（5）地区电梯市场竞争激烈程度和竞争对手基本情况；

（6）客户关系、社会资源的占有、开发和利用情况；

（7）自身队伍建设、团队力量和核心竞争力；

（8）售后服务现状和改进提升的空间。

34. 项目的跟踪操作，是有能力的个人实施好，还是有搭档或团队分工协作进行更好？

团队的力量肯定要大于个人的力量，但具体的项目操作情况也是不同的。一般大项目和重点标志性建筑或政府采购的公建项目单靠个人的能力是不够的，由于梯量多，前期技术服务涉及面广，客户项目管理、招标、议标、答标、谈判过程和决策程序相对复杂，因此以项目小组对口跟踪比较适宜，但一定要做到有主有次，层次分明，还要灵活机动，避免僵化，关键人物要在关键时刻发挥关键作用。对于台量较少、土建技术难度不大而客户权利又相对集中的中小项目，则可以有能力的销售人员个人跟进为主，团队在必要的时候给予销售支持似乎效果更好。关于销售人员的搭档配合，应从效果出发考虑利弊，如能在专业、技术、性格、兴趣爱好、形象气质和沟通表达能力等方面形成互补并达到默契,对项目操作将会大有裨益。

35. 什么样的项目是大项目?

所谓大项目对电梯公司来说也是相对的,表面看是用该项目的电梯需求台量来衡量的,但实际上大项目的定位与品牌效应、公司规模、市场占有率以及公司的销售政策甚至自身的销售能力都有内在的联系。例如国内一线合资的大品牌,一般会将地标性项目、形象性工程和具代表性、推广性的高端电梯和至少30台以上的项目内定为大项目,并在销售政策上给予一定的倾斜;而小公司则会将对自身而言具挑战性和竞争性的有一定台量需求的项目甚至是急于占据市场目标的项目确定为大项目或重点项目。所谓大项目的运作,毫无疑问应该站在品牌推广和可持续发展的战略高度,在销售成本、技术支持、价格政策等诸多方面给予更多的支持,因为它是电梯公司能否健康、快速成长的关键因素之一。

36. 如何有效实施项目登记管理?

厂家要发展、开拓市场,区域或分公司、办事处必须对各地区市场项目和代理商进行有效管理。其中项目的登记报备、建立项目库是销售管理最直接、最重要和最核心的内容之一。项目登记应本着严格、时效、公正、保密的原则进行。严格即要对代理商资格、业务范围、信息来源和完整性以及有无冲突进行严格把关。时效即在登记时间、项目进度和周期乃至报价时间等方面作好详细记录,此外还要对项目库进行及时更新与维护。公正即要保证对项目负责、对代理商和工厂负责,对项目的登记和跟进操作特别是对多家代理商登记冲突的项目在充分了解真实状况的基础上进行公正的分析、判断和协调,应把项目的操作权判给最有利于该项目运作和成功几率最大的代理商或销售团队。属于正常报备的项目,原则上还是应该先入为主,即谁先登记就由谁跟踪操作。保密是理所当然的,因为信息是在大量资源利用的基础上获得的,而且已构成了商业机密的要素,因此项目库只能由销售负责人和专门的信息员掌握。即使同一品牌代理商之间也不能泄露,否则将对自身竞争力带来极大的负面影响。

37. 样板工程对促进电梯销售的意义何在?

电梯由于其产品的特殊性,厂家的广告投入相对不多,在中央电视台做广告的目前仅两三家一线合资品牌的大公司。其他平面媒体广告的影响力也不足以直接刺激客户产生购买欲望。众多中小型电梯公司更是不愿意支付过多的宣传费用。而几乎所有的厂家都在竭尽全力在各地主要城市树立各自的样板工程,特别是寻求在城市地标性建筑,大型基础设施如机场、地铁、轻轨,公建项目如政府办公楼,以及大型商场、超市和有影响的房地产小区等地方有所建树,一些品牌甚至不惜代价,以垫资、换房、低于成本价、分期付款等超常规的优惠条件去获得拟建样板工程的订单。目的

就是要利用该工程品牌效应、地域优势、城市代言形象以及客户关系等宝贵资源拓展自身品牌影响和推动市场战略。事实证明实施样板工程战略是行之有效和至关重要的。特别是具综合梯型且安装、装潢、运行效果俱佳的重点样板工程,对新梯销售的客户会起到立竿见影、现身说法、最具说服力的效果。可见,好的样板工程可以在较长一段时间内对电梯销售起到不可替代的重要作用。

38. 怎样理解"大市场,小区域"的市场经营管理模式?

在品牌已经覆盖全国市场且竞争日益激烈的情况下,按传统由工厂营销总部统一管理销售、协调代理商的模式显然已经不能适应,于是大公司逐步开始将市场划片,实行区域管理和延伸,即设置二级分支机构的区域管理中心或分公司,使工厂的营销管理和了解市场、协调代理商及售后服务等职能工作更加直接面对市场和贴近客户,同时,为进一步有效掌控市场占有率,积极引导市场走向和拓展市场,区域延伸目前已经越来越细化,力求在精耕细作中发展。实践证明,"大市场,小区域"是目前电梯行业行之有效的市场经营管理模式。

39. 销售人员面对客户时为何必须注重倾听?

面对客户时倾听重要吗?非常重要。关键性的谈判场合尤其重要。因为通过倾听,销售人员可以获得诸如客户需求的关键点、双方的利益差距和对方的心理定位、客户对己方品牌或对手品牌的倾向与权重等方面的信息，据此可以对客户的合作诚意进行评估和判断；同时，如果双方存在差距，善于倾听的销售人员还可以直接或间接了解瓶颈及障碍之所在，采取有效的措施化解矛盾和弥补不足。所以，倾听是面对客户的必修课，是绝对不可忽视的重要环节。

40. 如何在推介品牌和介绍公司情况时准确抓住客户心理需求？

电梯销售人员初次接触客户时，介绍自身品牌和公司情况是必做的功课，但如果不能根据不同的客户准确抓住其心理需求，一味程序化地宣传或类似演讲，不仅不能达到预期效果，还可能引起客户反感。因为虽然总体上说客户关心的无非是你公司的简况、规模、行业地位、占有率、卖点及价格水平、售后服务等，但不同对象其关注重点还是有较大区别的。如：如果客户的决策层有时间听你介绍，你必须围绕其兴趣点简明扼要地阐述，无须面面俱到；对客户的经办人，则应该侧重于介绍公司的规范管理、技术含量、产品特点、服务意识和体系等；对政府采购客户，应该突出品牌的先进性和企业产品研究开发实力、非标设计能力，展示己方推荐产品型号的技术成熟程度及对其需求的适应性等；房地产客户，则会格外注重性价比、样板工程、战略合作和服务承诺等。

总之，应该关注客户的关注，灵活机动，因人而异，避免僵化，力争打好开局，为后续销售奠定有利的基础。

41. 如何寻求产品"卖点"与客户"买点"的结合？

卖点是卖方产品的品牌优势、市场认知度优势、性价比优势和服务优势等综合优势；买点是买方特有的需求。行业中，不同的电梯生产厂家有不同的卖点，在竞争中，同质化的卖点并不能占据竞争的制高点，同时，任何厂家的卖点都是有局限性的。所以，销售人员应该在宣传、展示卖点的同时更要注重与客户的需求相对应，寻求吻合度。比如，中高端的客户要求配置高的产品，你就应该考虑主机、控制系统和门机等主要部件配进口件的产品型号；又比如，某客户并不认同无齿轮电梯的行业发展潮流，坚持要求采购有齿轮电梯，你就应该首先分析客户坚持这一立场的真实原因，在确保订单不流失的前提下，在本品牌有齿轮产品系列里寻找适合客户项目的产品型号加以推荐，只有在的确不能满足客户需求或无齿轮产品更适合这一项目，同时在与客户之间的沟通没有大的障碍的情况下，你才可以引导性地向客户推荐无齿轮方案和切入卖点。当客户认同你是为他着想时，你才有可能再和客户探讨如何达成共识，形成双赢。

42. 谈判中应该在客户的哪些兴趣点上发挥和引导？

商务谈判中，客户的兴趣当然是把维护其自身利益放在首位的,而其核心利益无非就是品牌品质、价格和售后服务这三个大的方面。谈判中销售人员的智慧首先是围绕这三个方面寻求双方立场的接近,当客户对你的认知度和其自身的合作诚意一旦闪现,应敏锐地加以肯定并顺势发挥,达到强化缩短立场距离的目的。其次要善于寻求卖点和买点的结合,客户的需求和我方的满足能力吻合程度高时,销售人员应在充分自信的基础上适度把握,适度发挥,以巩固和扩展卖点优势。再就是要善于在谈判全过程中关注互信话题,如何以充分的事例、有说服力的证明材料等切实消除客户的疑虑,是销售人员在谈判时随时应加以注意的。对于谈判过程中客户表达出的某些方面的信任或即使是外交辞令类的褒奖不仅要及时表达感谢之意,更要有谦虚务实的态度。对于售后服务的话题应该有充分的预案和计划,使客户感觉我们服务体系的完善和专业、规范,并且有足够的安全使用保障。对客户极为关注的竞争对手比较、价格、付款等敏感话题,既要慎重表态,更要积极引导。通过关键轮次的谈判,最终能否以综合优势减轻价格、付款压力以求在最终的签约中获得各方都能满意的结果是对销售人员谈判能力最重要的检验。

43. 商务谈判前要做哪些准备?

商务谈判前销售人员必须精心准备。从大的方面考虑,首先要对谈判的目的、对象和标的以及难点等有一个预先的思考,具体讲必须从了解对象、利益需求、项目进展、谈判要点、心理底线、让步策略诸方面做到知己知彼、灵活应对,以掌握谈判的主动。这就要求我们事先必须对掌握的所有信息和资源做相关的分析与整合,并且从中提炼出最具价值的东西。其次,还应该对可能遇到的问题或障碍有充分的预估和制定相应的应变策略。如果有能力事先在非正式场合获取更多主动因素的话,则应该努力尝试争取。再次就是对自己参与谈判时的着装、形象以及资料准备和言谈举止等细节也必须加以重视和准备,力争先入为主地给谈判对手在第一时间形成良好印象。

44. 谈判的内涵和精髓是什么?

商务谈判的内涵和精髓应该理解为:谈判是艺术,它不仅是思维的艺术,也是竞争的艺术,还是语言的艺术;它同时是推销的艺术,更因电梯产品的特殊性成为"专业艺术",因涉及商务必然又是会计的艺术,从双赢的目标着眼还应该是平衡和妥协的艺术。所以电梯销售的商务谈判名副其实的是一门综合艺术,归根结底也就是做事做人的艺术。就规律而言,艺术是离不开创造的,所以电梯销售商务谈判的内涵和精髓应被理解为:它是创造的艺术。

45. 谈判时个人魅力靠什么支撑?

谈判既然是一门艺术,自然有其魅力,谈判高手的个人魅力是谈判魅力的核心。那么个人魅力靠什么支撑呢?其主要方面应该包括思维敏捷、个性鲜明、形象亲和、表达流畅、诚信敬业、理念双赢、知识广博、应变灵活、轻松幽默等。一言以蔽之,就是其综合素质和优点能在最需要表现的场合以最恰当的方式集中加以表现。

46. 如何寻求谈判的最佳气氛?

商务谈判不论最终结果如何,自始至终都应该在亲切、友好、和谐、平等、协商、双赢的气氛中进行。只有在这样的氛围中,才能够使双方都有机会把自己的意见表达充分,才有可能增加互信、消除障碍和寻求利益的一致性以及合作的共同点。当然,要达到这样的效果双方必须要有谈判的诚意和寻求合作的愿望。既然是谈判,自然不可能没有分歧,也少不了针锋相对,但即便是利益诉求有距离,也不必剑拔弩张,面红耳赤,而应设法暂时搁置争议,待气氛缓和和迂回做工作以后再行协商。当然,营造最佳的气氛需要谈判者双方特别是销售人员有足够的表现,用诚意和为对方着想的立场及专业表现感染对方,从而在有效调节气氛、使谈判进入理想状态的同时使自身的魅力也得到一定的升华。

47. 谈判中如何打破讨价还价的僵局?

商务谈判涉及价格时客户往往有以下几种态度:
(1) 你们的报价与我们的心理价位差距太远。
(2) 你们能否在此报价基础上再给我们一个最低的底线报价?

(3)你们能否在现有价格上再作一些让步？

(4)你们的价格可以接受，但能否满足我们的附加要求？

以上态度毫无疑问都是与对方的合作诚意相关联的，同时也在印证客户对我们企业、品牌、服务及销售能力等综合实力的认可程度。如果形成谈判僵局，我们应该在分析的基础上应对：如果在此项目竞标中我们的价格的确没有竞争力，在作了最大让步后，应具备失之不忧的心态；如果在竞争激烈、价格接近而我们尚未突破谈判底线但已经没有多少回旋余地的时候，打破僵局的办法是一方面要向客户表示争取尽快向公司高层汇报请求给予最大的政策支持，另一方面要诚恳地将我们性价比的卖点再次向客户说明，使客户的诚意得以提高；如果客户只是为了压价而变相要求提高配置、增加功能或满足其他与价格相关的条件，应视加价因素是否突破谈判底线为标准加以应对。此时，应引导性地向客户说明标配与非标、基本功能与可选功能、装潢的材质等级等方面的差异，使客户对我们的价格构成有一个比较客观的认识并力争达到理解和形成共识。有的时候，脱离讨价还价的主题去加以引导，反而是打破僵局的有效办法之一。

48. 价格比较不在一个平台上怎么办？

在内部议标或竞争性谈判的场合，特别是合资大品牌电梯与小品牌甚至杂牌电梯同台竞争时，客户没有或出于自身的考虑不愿将品牌技术含量、配置等的性价比和售后服务诸多因素客观综合地在同一平台上竞争,从而人为地形成价格的不可比状态。此种情况会对谈判增加相当大的难度,需要销售人员平时做大量的引导和铺垫工作。如果的确是一线知名品牌,在一开始的项目跟踪过程中就要将品牌优势和卖点适度传递,使客户明确你的品牌价值、创建成本与产品目前的价格是高度吻合的,要尽力引导客户树立品牌意识和提升采购起点;当然,要做到这一点,也在于客户对我们的产品认可程度。如果有了这方面的基础,再在谈判中力陈自身品牌的卖点、产品档次、技术含量以及售后服务等企业的综合优势就比较有利,因为客户清楚"一分价钱一分货",我们没有理由低估客户的专业素养和谈判能力。通过售前服务和投标议标阶段提供的产品配置和相关的功能与参数,辅以诚信和认真踏实的工作作风,电梯公司获得一个相对公平的竞争平台不仅是可能的,甚至随着客户认知度的提升,谈判最终达成双赢局面也是顺理成章的。

49. 因非标要求客户改土建怎么办?

这一问题看起来似乎没有讨论的必要,但却是电梯销售售前、售中服务很重要的环节之一。作为电梯销售人员,必须首先要站在客户的立场去考虑这个问题,是不是其他电梯品牌都要按非标处理?是不是必须改土建?有没有最经济和最合理的解决方案?改土建的费用有多少?施工周期有多长?会不会影响工期?其次要考虑己方能否解决和满足客户的要求。再就是要在可行的基础上提出最佳解决方案,最好当然是有不改土建的替代方案,如果不行,则应该尽量使土建的改动幅度缩小,并从技术和国标要求及验收标准等方面去说服客户,达成共识后付诸实施。只有做到这些,才不至于因为这一环节而影响整个项目的合作,才能将"用户至上"的原则落到实处。

50. 谈判中如何打破客户对功能、配置、装潢等特殊要求的僵局?

　　这方面的要求大多数依然是价格因素,但也有属于非标、智能化或技术方面的问题。比如:要求大跨度扶梯无支撑、远程监控系统、楼层底端外呼操纵、电梯停电应急平层装置、医用电梯的红外线无菌消毒、小区电梯IC卡收费运行、装潢材料选择超重;等等。这就要求电梯销售人员对国家标准和工厂的非标解决范围及技术能力有充分的了解,对符合标准和工厂有能力解决的,在谈判中要争取进一步确认的时间,并为选配的附加功能和装置以及高档材料装潢的合理加价进行必要的引导和铺垫;对于明显因类似上述要求而影响达标甚至不能验收的,要向客户解释清楚。本公司不能解决的,应设法引导客户采用变通或改进方案,联系专业配件和装潢公司加以解决,尽量不要直接回绝客户。对于涉及价格问题的,必须首先和客户协商,在客户要求优惠的情况下则要和设备的整体价格因素联系起来统一考虑。

51. 谈判中如何打破安装配合方面的僵局？

商务谈判中涉及安装细节时，合作的大前提虽已大致确定，但合同还没有最后敲定，任何变化都可能发生，因此还要与客户仔细磋商。有的客户会将本属于他们承担的责任和义务加以推脱。比如：货到工地后到安装进场前的保管他们不负责，不提供或不租用脚手架的钢管材料，对安装配合费等土建施工方提出的额外费用不予协调，施工现场的所有事宜要求我方与土建方自行协商等；也有的客户提出安装队伍必须是厂家的，不认可代理商的安装；还有的客户限定安装工作时间，但同时又要求保证安装工期；等等。针对因类似问题引起的僵局，谈判者必须具备极大的耐心，有些安装细节对方实在不愿意承担的，我方只能立足于自行解决，但最好不要在合同中体现，从而为在今后的配合中留下进一步协商的余地。当然，这种协商一定不能给客户产生我方要求客户增加额外负担的感觉。至于安装队伍的选择，关键还是如何解决客户的信任度问题，如果能够同时向客户提供规范、周密的安装计划，完整的、符合要求的安装资质，再邀请客户参观理想的安装现场，然后再与客户明确安装队伍，客户是难以拒绝的，在此基础上还可以向客户解释工厂大包合同与代理商分包安装在税收上的区别，使客户理解并乐意接受。至于工作时间的协调，毕竟是小问题，关系搞好了自然会迎刃而解。

52. 谈判中如何打破客户对质量保证要求过高的僵局？

客户在产品质量保证上的过高要求一般表现在延长质保期及要求签约方对整部电梯或电梯的主要部件作出超过国家标准的某些保证。对于质量保修期，建设部早在1995年建计〔1995〕第167号《关于加强电梯管理的暂行规定实施细则》第十一条中明确规定："新安装电梯质量保修期：从验收合格之日起，由电梯生产企业保修一年，但不超过交货后18个月。"实际上所有制造企业都在按这一规定核算生产成本。如果要求延长保修期，不仅会使制造企业加大成本，还增加了运行风险，因为任何机电产品的故障都是难免的，保修期以外更换另配件也十分正常，客户对这些是很清楚的。有些厂家或代理公司为了争市场、抢订单，有意将保修期作为优惠条件或卖点，其实只能说明他们的产品制造利润还有一定的空间，或是竞标底气不足，变相降价甚至恶意搅局。我们应该讲清此道理，使客户对此有比较理性的认识。客户坚持要延长保修期就应该同时接受增加相应的费用。至于要求对电梯主要部件作出超国标保证，则应向客户解释并提供依据说明并没有此必要。如果是要求诸如主机、控制柜、门机等主要部件保修多少多少年，其实还是归结到延长保修期的问题，此时应在向客户宣传建设部《细则》的同时，说明国家对电梯部件在整梯保修期以外并未有年限的规定。此与厂家对自身产品的质量有无信心并非一个概念。正是从对客户负责和希望长期合作的立场出发，才希望对质量保修及售后服务做得更加科学、公平和规范。

53. 谈判中如何打破付款方式的僵局？

付款方式是商务谈判的核心内容之一，销售人员在跟踪项目一开始就必须予以关注。在前期接触中要对客户单位的资信有充分的了解，要对该单位的采购流程和付款方式以及市场信誉度清晰知晓，同时还要善于在前期接触中观察、倾听和引导。对于在谈判中客户提出的付款达不到本公司底线的，要在对客户企业性质和资信进行调查、对项目规模与影响进行综合分析的基础上向公司决策层汇报，若获得让步政策后，则再进行新一轮谈判；若无法让步，则一是采用暂时放一放的"冷处理"方式，通过谈判以外的沟通做客户决策层的工作，二是采用己方可接受的"变通"方式促使客户让步（如提货款由现金转账改为承兑汇票、己方在客户付款的同时向客户出具银行"反担保"的履约保函等）。总之，销售人员应该清楚，付款方式是客户对企业、品牌甚至是对销售人员个人认可的重要风向标。在做了大量工作仍然出现付款僵局时必须意识到可能出现了成交危机，如果此时急躁冲动，即使勉强成交，也会给己方留下相当程度的风险。如果冷静考量后得出无法妥协的结论，放弃也就不会留下遗憾了。

54. 谈判中如何打破能否承诺的僵局？

谈判的双方都是各自公司经过授权的代表，谈判中的承诺将来都必须兑现，因此，销售人员必须"言必行，行必果"。然而，销售人员即使是公司法人，也不是可以随便承诺的。在遇到不能承诺的时候，应该向客户说明理由，价格、付款因素涉及权限和决策，非标技术要对解决方案进行进一步确认，交货期要工厂认可等，这些有待落实，此时，体现严谨的态度和诚信精神似乎比承诺本身更重要。除此之外的一般性问题，只要销售人员能有效地把握公司的销售、价格政策并具有相应的法律知识和规避风险的意识、能力，在己方可以接受的底线内，该承诺的也不能吞吞吐吐、犹豫不决。有时，你的干练作风也会影响客户，使对方变得"豪爽"起来而主动做出某些让步，这样原本艰难的谈判也可能一下子变得轻松起来。

55. 谈判中如何打破交货期限过短的僵局？

电梯销售的客户对象中，房地产和商场、宾馆、医院、厂房等的开发商大多对交货期要求比较紧，有的为了如期交房和开业或将前期因资金没到位耽搁的工期赶回来，要求电梯交货、安装期短得惊人。谈判中为此陷入僵局时应该立足于尽量满足客户的要求，在客户保证货款如期到位的情况下，销售人员对工厂配方、排产、发运的资源利用能力要心中有数，要了解流程和最短制造周期，在此基础上测算出最短的交货期。如仍不能符合客户要求,能否与工厂协商按安装流程分期发货,比如先发运主机、导轨等,一边安装,一边等待其他部件,以缩短整个周期。还应向客户保证派出最优秀的安装队伍,在保证质量、安全的前提下适当加班赶工期。在向客户展现所有这些措施和办法后再请客户接受你的交货期,所谓的僵局相信会烟消云散。

56. 谈判中如何打破客户对合同文本、附件方面要求的僵局?

很多客户对乙方提供的合同文本不屑一顾,认为其中一些专业条款比较烦琐,某些商务、法律条款的表述对他们不合理,甚至对诸如安装配合方面的要求也认为是不公平的"霸王条款"。基于这种认识,他们要求自行起草符合他们意愿的合同文本。还有的客户为了降低采购风险,要求将产品样本、土建图册、报价书、配件清单、海关报关单其至投标文件的技术说明等都作为合同附件。对于上述情况,不能一概而论,合同文本可以在双方都能接受的范围内采用客户的格式,但标的、内容既不能违背合同法,又不能脱离电梯行业及产品本身要求的特性,同时还要对电梯合同的价格、配置、土建参数、付款、交货、运输、安装及维保和违约责任等各个环节都有事先的约定,避免因责任不明发生额外费用和法律风险。对于附件,该提供的材料应该是与合同条款准确对应的文件,因为有些资料性文件并非针对某一具体项目,如果要求对这类文件与合同承担同样的法律责任,则是缺乏科学依据的。如果客户一味坚持,则应该对此类文件做相应的修改,使其达到准确对应。总之,体现公平原则是指导谈判的基点,灵活的态度和双赢的思维是化解僵局的根本出路。

57. 电梯供货合同中为什么不宜写上"本合同为交钥匙工程"字样?

因为这样一来就使设备合同的性质变为所谓的"大包合同",这类合同不仅不符合国家规定的电梯设备买卖合同和安装运输合同必须同时分别签订的原则,也会产生履约过程的混乱。电梯合同本身是由设备买卖合同和安装、运输合同两部分组成的,且安装、运输属于工程服务类,国家的税法也将设备买卖列入国税范围,而将安装、运输纳入地税,两者的税率有很大的差异。同时,如果异地安装,则属地和合同签约地都要征收地税,客户显然难以承受。即使设备、安装都是同一主体,但其对合同内容应承担的责任和义务是不同的,更何况大多制造厂商都委托当地分包商安装,这就使安装责任主体发生了质的变化,就更不能在合同中简单地用"交钥匙工程"这类不严谨和不周延的词语了。所以,在签约谈判时就需要销售人员耐心地从既符合法律法规,又维护客户利益的角度向客户作好解释工作,避免在合同中因出现类似不够规范的字样而发生合同纠纷的现象。

58. 客户对合同草案的某项条款临时变卦了怎么办？

由于客户方面的原因，在完成商务谈判、合同草签进入评审阶段甚至已经签字盖章即将付款生效时，客户突然要求对合同的某项条款进行更改，这种情况在实际销售中也时有发生。对此，销售人员首先应将客户的意图和原因搞清楚，一是要求更改的条款是否涉及价格、付款方式或其他关键内容，如涉及这些内容则可能关系到合同能否生效和会不会有变故，需要再行谈判协商和做工作；二是风险责任方面的条款，需要耐心与客户协商，尽量取得客户理解，实在难以说服的，在与己方法律、合同管理部门充分沟通和请示高层同意做适当让步后进入更改流程；三是诸如对交货期、安装周期（要求适当缩短，工厂和区域部门可以承受的范围）、不影响价格的标配功能要求做适当调整或愿意增加费用要求更改的（在不影响速度的情况下增加层门），销售人员应在与区域、合同部门沟通后迅速答复客户。但以上均需按公司合同更改流程执行。解决此类问题的工作应该是积极、慎重和高效率的。

59. 遇到你暂时不能拍板的问题时怎么办？

销售人员代表公司投标、答疑和进行商务谈判，有意合作并即将决策的客户一般都希望谈判有实质进展，因而要求我方人员能够当场表态或承诺相关合作内容，这就要求销售人员必须对公司销售政策、价格政策和权限范围了如指掌,同时还要对诸如销售管理流程、价格测算、产品知识和法律法规非常熟悉并运用自如,只有具备了上述基本素质,才能在自己的职能范围内果断答复客户相关的问题。但是,不能越权表态或承诺。涉及超越权限的,应寻找回旋余地或明确告诉客户需要请示后才能答复,只要客户对你的能力和素质已经认可,就一定能够理解并有耐心等待你的回复。

60. 如何在谈判桌上谈论竞争对手?

在谈判场合,客户会有意无意地用竞争对手认为是自己优势的某些方面和你进行比较以争取谈判的主动,此时对销售人员的人品、素质和应变能力是一个考验。聪明、优秀的销售人员应该做到:

(1) 不恶意攻击、贬低对手;

(2) 从行业角度帮助客户客观了解对手的优劣和展示自身性价比、技术特点、卖点优势;

(3) 适时、适度赞美对手非竞争性优点,诚恳承认自身成长中的不足。

谈判中也会经常遇到竞争对手已先入为主的情况,他们传递给客户不够客观或不对称的信息,甚至因此已经使客户产生倾向性,在此情况下,更要沉着、冷静和大度。此刻需要掌握的要点是:以客观谦虚的态度、实在的比较、充分的证据、洒脱的风度、低调的自信和开阔的胸怀争取客户观念的改变,最终赢得信赖。

61. 如何处理与竞争对手的关系？

和竞争对手的关系，决不应该是你死我活的对立关系，而应该是相互鞭策、相互监督、长期共存甚至是既有竞争又有合作的竞争伙伴关系。销售人员必须树立竞争促进发展、合作重于竞争的理念，提倡"和谐销售"。在竞争中不断学习对手的长处，相互交流不涉及本企业核心商业机密的相关产品、技术和管理、安装、服务等方面的经验和体会，寻求互通有无和拾遗补缺方面的合作，在区域或所在城市构建和谐氛围。销售人员首先应从自身做到：在客户面前不攻击对手，不主动传播对手的负面新闻，而应该把主要精力放在展示自身卖点和性价比、服务等方面的优势上；在竞争性谈判等同台竞技的场合，应该关注对手的表现，掌握对手的心态、对手采用的方法和可能的底线，但必须突出表现以客户为中心的原则，不必在意对手的锋芒。对于极少数对手试图用不规范甚至不正当竞争手段蒙骗客户，则应从维护客户和自身合法权益的原则出发，予以坚决抵制和回应。

62. 竞争性谈判对手在场时有哪些注意事项？

对于电梯这样的大型机电设备的采购，客户货比三家甚至多家是顺理成章的，但有的客户采用竞争性谈判的方式，例如要求各参与竞标的厂家公开竞标和答标，甚至在搭建了他们认为公平的品牌、技术、配置平台后采用类似低价竞拍的方式竞标。在这种场合下，销售人员的表现及应掌握的原则和尺度尤其关键。首先要讲风度，除言谈举止体现文明礼貌外，能够实事求是地赞美对手的非竞争性优势和诚恳表达自身成长中的不足也是体现风度的有效方式；其次要掌握"温度"，不可咄咄逼人地摆出志在必得或者自认为客户关系到位而流露出胸有成竹的架势；再就是要把握好尺度，客观理性地分析对手的实力和能量、竞标参与者的价格水平和己方核心竞争力及卖点被客户接受的程度，从而衡量成功的概率；还要注意的是"机密"度，不到开标的最后一刻，绝对不能在类似场合透露己方价格、配置、交货期、付款方式及优惠条件等商业机密，在严守机密的同时要争取客户的充分理解，也可以考虑事先加以沟通，避免届时使客户产生误解。

63．对价格、产品配置等信息如何进行保密？

电梯销售的核心商业机密就是报价、产品配置、付款方式、交货期以及相关的优惠条件。由于电梯销售的周期相对较长，客户在前期收集报价资料过程中就难免使厂家的这些核心机密有泄露的可能。一旦泄露，其后果要么是项目因此流失，要么是陷入低价恶性竞争，由此可见保密的重要性。这一方面取决于客户单位的管理规范和经办人的职业操守，另一方面也要求销售人员要有保密意识，具体讲就是要能够分清常见的报价状态，视不同情况报价，应掌握最佳的报价时机，同时与客户关系的不断加深和信任度的提高至关重要，只有这样，才能把核心机密泄露的可能降到最低。

64. 谈判时面对老客户遇到的新问题如何应对？

面对老客户，谈判有时并不见得轻松。因为客户对我们不但已经充分了解，而且在合作过程中会真实地记录我们的所有表现，对我们的产品优劣和特点也有所掌握并具备了相当的发言权，还有就是价格底线已经透明，对方通过前期合作和实践评估后对我们的性价比进行了直接验证，而客户关系从感情层面上讲有了不同程度的提升，正因为如此，销售人员往往在与老客户的谈判中过于自信和忽略不利因素，不能以谦虚谨慎的态度面对，在客户需求变化或提出新的更高要求时，往往乱了阵脚，陷入被动。通常老客户给我们出的新难题较有普遍性的有如下几种：

（1）前期电梯质量不稳定，怀疑某些部件配置不合理；

（2）安装、维保出现某些问题造成电扶梯运行状况不好，故障较多或者反应不及时；

（3）以前期合同价格为准，后续合同同样型号电扶梯价格不得高于原来合作的标准甚至更应优惠；

（4）不愿接受新的产品型号和产品方案。

对此，在谈判中我们首先应端正态度并调整好心态，应从心理上将前期的所谓优势归零，认真审视和客观评估前期的合作，发现存在不足，总结经验和教训。对于确实存在的问题，在取得客户的充分谅解后再和客户一起深入分析问题的原因，洽谈下一步如何合作；对客户坚持价格标准不变的问题,则要视具体情况而定,如差异不大,可以答应客户,如必须提高,则要说出足以令客户信服的理由;对于新产品推介,首先应从必要性上考量,如确有必要,还应根据与客户决策层的关系,考虑推介的可能性,同时以充分的资料和事实证明所推介的新产品方案更适合客户的需求,更能维护对方的利益。

65. 要提高政府采购中标成功率平时须做好哪些工作?

首先要明确什么是政府采购。政府采购,是指各级国家机关、事业单位和团体组织,使用财政性资金采购依法制定的集中采购目录以内的或者采购限额标准以上的货物、工程和服务的行为。我国从1996年开始试行政府采购制度,2003年1月1日《中华人民共和国政府采购法》正式施行。按照立法本意,多数政府采购都是要通过公开招投标的方式进行的。电梯作为机电类设备,也被列入此范畴。

在相对公平、公开、公正的政府采购竞标中,厂家或代理商在标书中能否最大程度地满足招标文件的各项要求和体现综合实力是能否中标的关键,但这种体现是和平时大量的基础性工作息息相关的。比如:主动对项目情况及其背景进行深入了解,与招标采购单位即客户建立沟通渠道和以前期良好的服务进一步发展关系,了解该客户对招标公司的影响度,准确掌握招标程序及评标标准,不断提高专家、评委及招标公司对本公司、品牌及投标人的认知度,基本了解竞争对手的竞争手段、策略、价格水平、关系资源和项目操作能力等。这些工作是不能够"临时抱佛脚"的，相关的法律和规定也是不允许在招标期间投标方与上述人员及部门进行任何工作性接触的，要想提高政府采购的中标成功率，必须平时就要注意扎扎实实地在上述各方面做工作，只有在此基础上制定规范的、切实可行的并且极具竞争力的标书，才能在竞标中获取优势。这就是所谓"工夫在投标之外"的真正内涵。

66. 电梯招标项目怎样才能真正做到"公平、公开、公正"？

客观地讲，中国的招投标市场尚处于逐步规范、完善之中，腐败和商业贿赂现象在电梯招投标中时有发生，要做到真正的公平、公开和公正，就必须从源头上防止和杜绝腐败。这在《招标法》和招标公司的相关流程与规定中都有明确体现，关键是相关部门的管理机制和监管力度能否与之配套。要严格防止和坚决杜绝暗箱操作，只有在严格的制度和流程的前提下，搭建起一个品牌档次、资格预审、标书格式、评分议标和答疑标准以及技术要求和功能配置等方面的竞争平台，在制定评标评分标准、服务费收取以及专家、评委管理和招标流程等各个环节上能确保做到公开透明和体现公正，才能够有公平可言。此外，投标人也必须有高度的自律精神，不要采用不正当手段参与竞争。因此，净化和规范电梯招投标市场，确保招投标的公平、公开和公正应该是政府和招投标各方的共同责任与义务。

67. 电梯招标与投标的概念区别是什么?

所谓招投标,总体而言是在市场经济条件下进行大宗货物的买卖、工程建设项目的发包与承包以及服务项目的采购与提供时,所采取的一种交易方式。电梯的招投标目前有公开招投标和邀请招投标两种形式。

公开招投标,是指招标人以招标公告的方式邀请不特定的电梯企业法人或者其委托的代理组织投标。公开招标的投标人不少于7家。

邀请招投标,是指招标人以投标邀请书的方式邀请特定的电梯企业法人或者其委托的代理组织投标。邀请招标的投标人不少于3家。

电梯投标的概念是:投标人在招标公告或者投标邀请书发出后,响应招标并购买招标文件,按相关规定和流程参加投标活动的行为。参与投标的投标人必须是电梯企业的法人或者其委托的代理组织。

《中华人民共和国招标投标法》自2000年1月1日起施行后,电梯项目的招标、投标活动日益频繁和正在走向规范,它已经部分改变了电梯的传统营销模式并可能成为将来电梯市场运作的发展趋势。投标人购买的投标文件,内容一般应包含投标函、投标方资格、资信证明文件、投标项目(设备)方案说明、投标设备数量价目表、投标保证金等。某些重大项目招标单位还设定了资格预审的门槛,评标也细化到技术、商务分别进行。开标前,招标公司或招标中心依法按程序审查投标单位资格,确认有效后在公开发布的开标时间和公开场合开标,并按标书规定的评标标准确定中标单位后下发中标通知书。

68. 电梯销售人员为什么应该关注招标中心?

为了配合政府采购制度的实施,各地先后成立了专司招投标业务的招标中心,招标中心一般实行事业编制,属中介机构。该机构必须严格执行《中华人民共和国招标投标法》,按公平、公开、公正的原则组织招投标活动。其收入来源主要是按标准收取的招投标项目的中标服务费,其次有少量营业外的投标保证金利息收入。招标中心将定期或不定期通过网络、平面媒体发布招投标信息,并按特定项目要求给相关投标人发出投标邀请函,所以投标人从招标中心获取电梯采购信息也是一条重要且准确权威的渠道;同时,招标中心的日常评标人员都是随机从建立的专家库中抽取的当地电梯行业经过认定的专家,并在开标后邀请参与评标和答疑,因此,这也是投标人扩大品牌认知度、征询专业意见和长线感情联络的重要渠道,也应该是电梯销售人员必须用心关注和投入的一项十分重要的工作。

69. 制作标书的难点在哪里?

当然是标书最核心的内容,首要的是"标底",即投标价格的确定。必须在知己知彼的基础上,经过精确的核算,把设备价(含非标、附加功能、装潢等加价因素)、安装运输费用、免保期成本和销售费用以及目标利润等都确定在可行和合理并具有竞争力的水平上,对付款方式、交货期及其他优惠条件应采用相对灵活的表述,给答标或商务谈判留下一定的空间。其次是技术标的对应、非标解决方案及偏离说明,应该把握对应中既突出自身品牌卖点、特色,又能满足客户基本要求或能够被充分理解。再就是要按规范、完整、仔细、对应和时效的要求制作标书,从而为投标的成功奠定比较扎实的基础。至于最终能否中标,当然还要看标书以外的"工夫"!

70. 报价须留有谈判空间和余地吗?

这要视具体的报价状态而定,报价通常有咨询性报价、入围选择性报价、投标报价和竞争决策性报价、内部议标报价几种不同的状态。如果不是投标书报价和最后一次性竞争的决策性报价,一般的咨询性报价和入围选择性报价及内部议标报价等都应该留有谈判空间。至于空间的大小则要看项目跟踪的具体进展和与客户的关系了,当然,在电梯行业竞争日益激烈和市场运作日趋规范的情况下,报价的水分不可能很大,只能是为决策谈判稍留一点回旋的余地而已。报价对项目操作的效果以及报价技巧的使用是否恰到好处与销售人员对项目进程的把握及其能力、心态都有很大的关系,一般主张项目尚未成熟时能不报价的尽量暂时不急于报价,能口头报价的就无须书面报价,非报不可的也应该在最后一刻出手。此策略如果运用得当,不仅可以留有余地,而且给客户以慎重和实在的感觉,也可避免因过早报价容易泄密而节外生枝,至于预留谈判空间,某些时候既是必要也实属无奈,因为最后阶段体现让步似乎更显合情合理。

71．如何在报价中体现诚信？

报价也能体现出诚信吗？答案是肯定的。首先是必须维护报价的严肃性、时效性。报价不是销售人员的个人行为,而是公司行为,所以应实行严格的报价管理,杜绝一个项目多口径报价和防止报价的随意性。为规避风险,报价书应明确有效期,并对客户加以说明。其次是要恰当把握报价的时机,报价是销售过程中至关重要的环节,也是客户考量对方诚信的重要依据之一,要在知己知彼的情况下报出科学、合理的价格,即既有竞争力,又有合理利润,这样的报价客户才会认为是真实可信的。另外,即使从诚信度考虑,报价也必须掌握最恰当的时机。再就是为了最大程度地获取竞争优势也不宜过早报价,因为太操之过急不仅不能最大限度地了解对手,还有可能被对手掌握,使己方陷入被动。再就是在不同的报价状态下应留有不同的余地和谈判空间,但不应该将这部分空间与不诚信混为一谈。

72．电梯销售合同中"定金"和"订金"的区别何在？

根据相关的法律规定,销售人员必须明确的是:"订金"

无合同担保性质,如果甲方取消订单,电梯公司必须退回订金;而"定金"则属于双方约定对合同具担保性质的资金,具有相应的法律效应,如果甲方单方而取消订单,乙方可以不予退还该笔定金。所以,我们必须了解,"订金"对合同并不具备法律约束力,而只有将"定金"写进合同才是对甲方违约取消订单的有效约束。

73. 违约金和定金的法则可以并用吗?

不可以!当草拟合同时,有的客户会提出一旦卖方违约,买方要求"卖方支付违约金并双倍返还定金"。这就违背了相关的法律规定,销售人员必须及时提醒客户,此条款应改为:如出现不完全履约,责任一方须承担违约金责任;如单方毁约,则责任一方须承担定金法则规定的法律责任。

74. "履约保证金"和"履约保函"有何异同?

"履约保证金"和"履约保函"虽然对合同履约的担保性质是一样的,但其表现形式却各有不同。"履约保证金"如无特殊约定,一般指卖方以双方约定数额的现金支付给买方作为履约担保;而"履约保函"则是指以卖方通过银行向买方出具的双方约定数额的银行保函作为履约的信用担保。当然,无论是"履约保证金"还是"履约保函",都是在双方约定的期限内有效,如在此期限内卖方无自身产品质量问题和违约责任,买方须全额退回"履约保证金",如是出具"履约保函"的,到期将自动失效。

75. 如何界定"人为因素"和"不可抗力"因素对电梯销售造成的影响？

"不可抗力"是指任何提出不可抗力事件的一方所不能合理控制其在该方没有过错或过失的情况下发生的任何事件、条件或情况。它包括暴风雪、闪电、洪水、台风、火灾、飓风、地震、山崩、战争、封锁、恐怖主义事件、暴乱、动乱、破坏活动或其他类似的自然或社会事件及乙方供应商所遭遇的类似事件。主要是指自然灾害、社会异常事件。

"人为因素"是指合同的任何一方主观故意或无意违约已直接或间接对合同履约造成的不利影响和后果的行为。

76. 应收款变成坏账的原因是什么？应从哪些环节加以防止？

应收款变成坏账主要有两方面的原因。从客户方面分析，一般有三种情况：一是破产倒闭；二是资金短缺无力支付；三是恶意拖欠。从电梯公司方面分析也有三种：一是合同签订本身就已经存在的法律风险；二是履约控制不到位；三是催收不及时不到位。以上情况造成应收款连续9个月及大于9个月仍不能收回的，即已成为坏账。预防坏账首先是在签订合同之前就要对客户的资信情况有真实可信的了解；其次是严把合同评审关，减少或杜绝付款风险和法律漏洞；再就是加强对合同履行过程的严格控制，制定严格的应收款管理流程，防止人为产生坏账。

77. 仲裁和诉讼对解决合同纠纷的意义有何不同？

仲裁一裁终局，无上诉机会；仲裁费用高，且法院在一定情况下可以撤销仲裁裁决；经裁决后，如果当事人不履行裁决，仍然需要法院执行。所以，电梯合同纠纷的原告方特别是卖方作为原告直接提起诉讼是比较明智的选择。

78. "法人授权书"和"制造商声明"的法律意义有何不同？

"法人授权书"一般是电梯公司授予其某一代理公司在某一地区或某一项目上的电扶梯代理销售权，该授权只能用于代理销售，因此，当该代理商与客户达成电扶梯采购意向后，该项目的电扶梯买卖合同只能由客户直接与授权单位的电梯制造公司签订；而"制造商声明"则可以应用于经销项目，即该代理商在与客户签订制造公司的电扶梯产品后，再与制造公司签订相对应产品的电扶梯买卖合同，即所谓的"经销"或者"买断"合同，以获取一定的差价。"制造商声明"表明电梯制造公司同意代销商用该公司产品投标，电梯制造公司仅承担产品质量保证责任。

79. 销售人员如何应对客户电梯故障投诉？

由于合同是由销售人员代表公司或受厂家委托的法定签约或经办人签订的，因此客户即使在电梯交付使用后，甚至在免保期内的履约过程中对出现的任何电梯故障都会首先找该销售人员寻求解决,当然也包括安装质量及维保问题的投诉。作为销售人员,必须具有良好的职业素养和维护企业、品牌声誉的高度负责精神。同时应明确关注合同履约的全过程并明确及时为客户排忧解难是其本分,具有不可推卸的责任。这就要求销售人员必须快速反应,首先向客户告之会通知维保人员以最快速度设法排除故障,同时会同客户方了解故障原因,在明确责任的基础上再做妥善处理。此过程销售人员应该全程关注,与安装、售后服务方面的负责人保证全天候的通讯畅通。如遇非正常故障或重大突发事件,销售人员应会同相关领导和专业人员参与处理,做好客户工作,在提高客户满意度、提升品牌美誉度的同时也要有效地维护企业的合法权益。

80. 如何熟悉、掌握和运用销售、管理软件系统?

目前国内一线品牌的合资公司已经普遍采用销售管理的软件系统,例如世界电梯行业的领头羊 OTIS 公司在中国的合资公司即采用了 eLogistics 系统。该系统用户群覆盖公司的各大职能部门,其中销售人员是最主要的用户。站在销售的角度讲,该类系统是销售活动管理和项目评审的工具,是品牌大公司内部与其营运系统各相关部门沟通的良好平台。它在客户需求、技术和非标确认、成本和价格计算、投标报价文件、合同评审等销售的关键环节起着重要作用。

现代营销管理对电梯销售人员也提出了更高的要求,

销售人员要想用好类似 eLogistics 的销售管理软件系统，首先要具备自己所在岗位的基本素质：熟悉市场，能较好地掌握客户信息和项目进展状况，熟悉公司产品，了解公司销售政策。其次，必须熟悉该系统的基本操作及基于系统的一系列工作流程。另外，较强的责任心是必须的，只有对工作持认真负责的态度才能利用好系统的强大功能。

81．销售管理软件系统对销售管理的意义何在？

通过销售管理软件系统，电梯公司在经营活动中可以有效地进行销售活动管理、订单配置、草案评审、生成投标报价文件、绘制土建图纸、确认定金到账、排产、发运及记录工地进展等一系列工作。销售人员可利用系统管理客户和项目，并将配置好的订单提交评审，在评审完成后生成投标书、报价书、合同文本、技术规格等报告。该类系统是销售人员完成销售安装过程的 web 工具，通过该类系统，各个地区、各种语言、各种文化背景下的销售人员、代理商、工地、子系统工厂、供应商可实现信息互联，使各种数据得以共享，大大减少了信息的出错率，简化了交流，提高了工作效率，对销售管理有着重要和深远的意义。

82．销售管理软件系统对销售支持有何帮助？

有极大的帮助！首先，使用系统，会使整个销售工作程序趋于标准化，使销售支持人员明晰项目的进度，更加明确下一步的工作。其次，由于系统给销售人员、评审人员、工地监督及制造人员提供了一个信息共享的平台,可以使从信息收集项目管理开始一直延伸到获取订单直至排产发运的整个营运链条沟通及时通畅,极大地提高工作效率,有效缩短销售周期,还可以确保订单质量稳定可靠,避免出现差错。因此它必然会成为销售支持的坚强后盾和有效保障。

83. 代理商审核需提供哪些材料?

与代理商的合作必须建立在合理、合法、合规和双赢的基础上。电梯公司作为合作主体,审核代理商资质和批准其代理商资格是合作的前提,也是一项十分重要的工作。目前,各大电梯公司都实行了年度审核、审批制度,对新加盟的单项经销和代理商也采取区别对待的审批流程。从规范的角度讲,厂家会要求代理商提供的材料有:营业执照(含注册资金证明及年度财务决算)、企业代码证、税务登记证(含国税、地税)、安装维修资质证的原件,法人代表证及其身份证复印件,办公场地房屋产权证或租赁证明,代理申请书及第三方证明,开户银行及账号,还应该向工厂提供销售、安装业绩说明等。厂家向代理商提供的代理协议应明确代理政策和双方各自的权利、义务及相应的法律责任。只有在上述规范的审核流程中进行充分的双向选择,才能够为今后的长期合作奠定坚实可靠的基础。

84. 发展代理商应关注哪些要素?

电梯品牌推广和市场开拓,离不开有效的渠道管理。

实行代理制、发展代理商是渠道管理的必修课。代理商的结构、队伍建设和凝聚力都直接影响厂家的市场占有率和关系到能否可持续发展。目前电梯行业厂家直销很少,代理商成为销售稳定和可持续发展的中坚力量。因此,选择理想的代理商并使之成为长期可靠的合作伙伴是摆在各电梯厂家销售渠道管理者面前的重要课题。发展代理商要从双赢的立场出发,既要考虑自身品牌效应、产品技术水平及卖点、企业文化和营销管理模式、销售政策对代理商的吸引力,又要考察代理商的资金实力、团队综合素质、市场开拓能力、客户关系源和社会资源储备及利用率,还要看其是否具有较强的专业人才队伍如安装、维保力量和相应的资质,再就是要求其有长期合作的愿望和相应的品牌忠诚度。从区域销售管理角度讲,在某一地区,必须以市场需求为导向,发展代理商应考虑结构合理,不能太弱,也不宜过滥,努力形成内部竞争的良性机制,有效掌控项目运作和管理,协调发展,最大限度地调动所有在线的代理商的积极性,从而使品牌推广和市场开拓凝聚起强大的原动力。

85. 如何评价和衡量代理商的品牌忠诚度?

电梯厂家和代理商的选择是双向的,品牌厂家的合作门槛相对要高一些,但好的代理商可以带活一片市场,对厂家而言,也是"千军易得,一将难求"的。从法律和商业角度讲,代理商是独立法人,毫无疑问是将利益最大化作为其首要目标的,在此基础上,有思路、有眼光的代理商会从相对长远的角度考虑合作的前景。如果厂家难以满足代理商上述要求，即使品牌再响，合作也很难持久。少数代理商急功近利，代理多家品牌或在合作中做有违合作协议和损害厂家利益的事情，这将动摇合作的基础，最终双方都将受到不同程度的损失。所以，就品牌忠诚度而言也是双向的，它需要厂家和代理商共同培育和维护。

86．如何管理资格老、实力强的代理商？

长期代理某一品牌的老代理商，特别是在某一地区市场已小有成就、实力不断壮大的代理商对所代理的品牌确有贡献，但容易产生居功自傲的心态。一方面，他们的忠诚度已经经受了时间的考验，同时积累了丰富的市场开拓经验，树立了地区品牌形象，拥有市场占有率资源以及销售、安装、维保队伍建设和管理经验；另一方面随着市场竞争的日趋激烈，又会对工厂管理的不断升级和规范及政策调整给他们带来的压力心存疑虑，他们尤其不愿接受工厂在自己的"地盘"上发展新的代理商。因此，合作就免不了产生一些矛盾。在此情况下，一旦工厂的销售管理人员管理、协调、服务、支持的能力、态度或水平不够，少数人就会借机发难，或阳奉阴违，或拒绝沟通和协调甚至直接对立，资格老的代理商还会越过区域分公司，直接向他们熟识的工厂高管投诉，个别人还会做出不顾事实、恶意搅局的事情。这就给区域销售管理提出了更高的要求：首先应坚定不移地坚持区域目标必须符合工厂整体战略目标的原则，必须上下一致地严格贯彻执行总部的营销策略和销售、价格政策,进一步明确各级职责权限,对代理商既讲原则,又要讲感情,该倾斜、支持的不遗余力,该引导的循循善诱,该拒绝的坚持到底。只要真正做到公平、公正,出现矛盾及时沟通化解,动之以情,晓之以理,相信代理商终究会理解和接受。

87. 代理商多品牌经营如何处理?

任何代理商在与电梯厂家合作中都是将盈利放在首位的,其忠诚度也必然是以能否获得长期稳定的利益为标准的。至于厂家的市场目标战略和形象提升以及客户口碑,只有在利益满足的条件下才有可能兼顾。然而在竞争日趋激烈的形势下,厂家不可能始终保持既定的策略和相关政策一成不变,如果与代理商的需求不符或因沟通不畅而不能相互理解,就有可能产生信任危机。此外,代理商的自身发展思路也会直接影响其对某一品牌的忠诚度,在此情况下,代理商选择其他品牌代理以寻求新的经济增长点是可以理解的。但这毕竟不是规范的大品牌厂家轻易可以容忍和接受的,所以应确定相应的政策底线,做耐心细致的说服工作,对恶意诋毁、损害公司品牌形象,采用不正当手段围标故意造成本品牌流标,或进行合同造假、截留或骗取货款等严重违法违规行为,无论是谁,都应该坚决取缔其代理资格,并保留用法律武器维护自身合法权益的权利。同时,在渠道管理上,要考虑市场和代理商结构匹配的合理性和可持续性,不宜将所有的鸡蛋全部放在同一个篮子里,因为区域市场的容量和需求不容许出现竞争的真空和业绩的滑坡，必须从该区域电梯销售的可持续发展战略需求层面不断优化整合代理商队伍。与此同时，还应该掌握既定政策的灵活性，尽可能在政策框架内帮助现有代理商实现利益最大化。只有这样才不致于因代理商特别是大代理商经营多品牌而对厂家的市场战略构成威胁，也才能够对代理商产生更大的吸引力。

88. 地区"独家代理"和"多家代理"同一品牌电梯产品有何利弊？

我国电梯行业的代理销售从20世纪80年代初期开始，随着市场的逐步规范而规范，目前各合资大品牌的代理制度日臻成熟，大市场、小区域，多家代理、分级代理和局部地区独家代理相结合的营销管理模式也得到市场的认可和行业的普遍推崇。从渠道管理的成功经验看，早期由于市场对电梯的巨大需求刚开始，厂家区域延伸的管理能力和力度不够，对代理商的吸引力尚不显著，因此地区"独家代理"现象比较普遍，有能力的代理商甚至可以横跨几个区域，形成一些厂家的"核心"或"骨干"代理商。他们对这些厂家的发展壮大功不可没，然而，随着市场成熟度的提高，近年来日益加剧的竞争迫使厂家必须精耕细作，一些代理商对此没有充分的认识，对工厂政策调整、加大管理力度和规范化要求难以适应甚至产生矛盾，所以，地区独家代理显然已不能作为主要的营销模式且并不符合厂家渠道管理的要求。目前,除特别情况外,各大公司只有在一些偏远地区和没有分支机构的地方维持独家代理。对于多家代理,关键是应该设定相对严格的门槛,重点对其实力、队伍建设、管理和市场开拓能力及发展潜力进行把关。对于市场运作,多家代理主要靠厂家加强区域管理和代理商协调,避免因项目冲突、争执对客户和市场产生负面影响。总之,应以市场为导向,不断调整、灵活改进营销管理模式和代理政策,兴利除弊,与时俱进。

89. 代理商如何充分利用工厂资源使其利益最大化?

首先,代理商应正确理解利益最大化应该是合理、合法、合规的最大化。在此基础上要善于并充分利用工厂资源。比如销售政策方面,根据不同的项目在政策范围内灵活采用经销、代销或设备代理、安装经销或经销反包等方式;价格政策方面,根据项目大小、是否标志性项目、拟购梯型毛利测算状况等因素争取工厂下浮让利的权限;在销售支持、技术服务方面,要求工厂给予专业配合,根据客户实际需求,从科学、实用、经济等角度出发给客户推荐最佳的产品方案,还要及时确认非标解决方案,完善工程实施方案等,以此获得项目竞争优势,减轻价格压力甚至扩大利润空间;在关键性客户拜访、考察、商务谈判、投标方面,恰到好处地安排相关领导介入、专家出面参与;在合同评审、排产发运、安装调试、免保等方面,充分调动工厂各相关部门的力量,确保合同履约达到客户满意的程度。通过上述资源的充分整合利用,代理商可以从中最大限度地获取利益,但所有希望长期合作的代理商都不会单纯看重眼前利益,代理商真正应该倾力追求并争取最大化的利益应该是客户满意、市场口碑、市场占有率和企业品牌形象的不断提升。

90. 怎样帮助客户消除代理销售是增加了中间环节的心理障碍?

代理商的代理销售,严格意义上讲的确属于中间环节,关键是代理制度的规范程度如何。目前,国内大的合资品牌的代理制度已经完全与国际接轨。销售人员对客户要强调的是:己方的代理是经厂家正式授权的。可以出示代理证和法人授权委托书或制造商委托销售证明书、代理公司营业执照以及安装、维保相关资质证明。厂家代表要协助代理商向客户说明代理销售最终是厂家与客户直接签订设备采购合同,代理商的收益只是在合同生效后,厂家在其销售利润中支付代理商符合其政策规定的佣金。对于有实力的代理商,大多数厂家允许安装经销,如果客户有疑虑,厂家则可以向客户说明:一方面早在2003年国务院373号令(2009年1月1日开始按国务院最新颁布的549号令执行)已明确规定了电梯生产厂家对产品制造质量的责任和安装、维保单位的范围;另一方面代理商的安装、维保都是严格受控于厂家的。此外当地代理商的服务更加快捷、经济和方便,从税收因素考虑也可以为客户减少不必要的重复支出。客户如仍然难以接受,在其愿意为增加的成本买单的基础上也可以直接由厂家与其同时签订安装合同。

91. 代理商与厂家代表对客户的影响和效果有何异同？

在没有实行直销的情况下，代理商是市场销售的"锋线"，而厂家的区域、分公司及其代表则应该充当"中场发动机"和"清道夫"角色。就对客户的影响和效果而言，多数客户认为厂家的专业性更强，信任度也更高，有的客户甚至排斥代理商，认为是多了中间环节；也有的客户更愿意与代理商打交道，认为当地的代理商售后服务更有保障，商务谈判更灵活，沟通交流更方便，即使发生合同纠纷也更容易处理。因此，针对不同的项目和不同的客户，应该明确是以厂家出面唱主角，还是代理商唱主角，这样更容易被客户所接受，厂家代表和代理商的配合也必须在上述原则的基础上相得益彰，从而使客户能够充分理解和认可，形成愉快的合作氛围。这一过程，也是最终销售方案落实的过程。

92. 作为工厂代表，对两家甚至多家代理商争抢同一项目该如何处理？

目前规范的品牌厂家的区域销售管理基本都采用项目登记报备制度，原则上都按先登记落实项目跟踪操作的代理商，但由于项目本身的特殊性、复杂性或代理商实力、客户关系资源和项目操作能力的不同，区域或分公司不可能也不应该简单地"一刀切"。作为工厂代表，区域、分公司负责人或被授权的销售代表,应该在深入、真实了解项目和代理商介入程度的基础上进行客观、公正的协调,要本着有利于项目运作、提高成功率的原则做出合理的判断,并努力做到对争执双方协调的透明,使竞争力较弱的代理商心悦诚服地退出,并争取逐步在地区代理商中形成协商、合作的良好氛围。当然,这也是对厂方区域、分公司管理者和销售代表管理水平、协调能力特别是职业道德与人品的真正考验。

93. 厂方代表对代理商的管理、支持、协调、配合应掌握哪些原则?

总的讲,管理要规范,支持要到位,协调要公正,配合要默契。代理商和工厂是利益共同体,是紧密型的合作伙伴,但又是目标不同的企业独立法人,在品牌推广和市场开拓中,厂家扮演主体角色,优质的产品、先进的营销理念和规范的管理以及有竞争力的销售政策和价格政策等都是吸引代理商加盟的原动力,而具体的项目跟踪、谈判、报价、投标和合同履行都必须在厂方的支持、配合下才能够准确高效地完成,对多家代理的地区项目冲突也必须进行管理和协调。因此,对厂方代表的要求是既要有管理水平,又要有较强的开拓创新能力和灵活的方式方法,更重要的必须具有维护公司利益的职业道德操守,还要具备客观、公正的处事态度和尽力支持代理商并促进其不断发展壮大的思路。掌握了这些,相信对代理商的凝聚力会越来越强。

94. 你能分别说出代理商经销、代销的合法利润来源和不同的风险责任吗？

经销合同是在代理公司与客户已签订电梯购销、安装合同后，再以买断的方式与厂家签订与该合同电梯产品相对应的电梯购销、安装合同。代理商赚取的是双边合同之间的差价，同时也必须承担相应的风险，理论上讲即必须承担除产品制造质量以外的所有商务、法律和资金风险，工厂只对代理公司承担与其签订的买断合同约定的相关责任和履行该合同规定的义务。代理合同是代理商受厂家委托取得商务谈判成功后，厂家直接与客户签订的电梯购销、安装合同，代理商在合同生效并履行后获得厂家一定比率的佣金。此类合同代理商按与厂家签订的代理协议执行相关的权利和义务，但不承担合同本身的责任和风险。

95. 什么是电梯行业的专业化协作？

我国电梯行业的专业化协作始于20世纪80年代，发展于90年代，成熟于21世纪初，这与我国电梯行业的三轮发展高潮基本吻合。伴随着整机企业的发展壮大，国内涌现出上海新时达、宁波欣达、宁波申菱、杭州浮信、老港申菱、沈阳蓝光、无锡中秀、天津正大、常熟曳引机、河北东方等一批优秀的国产电梯配套件制造企业。专业化协作改变了整机企业在计划经济时代那种大而全、小而全的局面，同时对进口配套件的依赖逐步缩小，呈现出全行业技术进步的欣欣向荣局面。

96. 如何选择战略联盟合作伙伴？

从客户对象看,具备战略联盟合作伙伴的基本条件首先是具有较大规模持续滚动开发实力和已有近期具体规划与中长期目标的投资商、开发商;其次是在上述投资商、开发商中应首选资信状况较好、经营规范、在国内或国际上影响力较大的对象,同时还应选择在关系资源利用方面具有较大空间和有相当基础的对象;再就是客户本身同样有寻求战略合作的愿望。建立战略联盟的运作与谈判,比洽谈某个具体项目要复杂得多,它不仅仅是向客户展示品牌效应、产品的卖点和价格、服务的竞争优势,还要能够在更高层次上展示企业经营管理的先进理念和企业文化底蕴,产品研发和技术进步的能力和可持续发展的前景,以及售后服务的体系及其保障等。目的是要在与客户的交往和战略性谈判中最终达成长期合作共赢的战略共识。

97. 什么是地标性建筑？

所谓"地标性建筑",即地方标志性建筑的简称。怎样才算是地方的标志性建筑呢？尽管是仁者见仁、智者见智,但一般认为:它应是城市设计的元素,是市民对城市的惯性认识所系,是市民对某个区域的感觉达成的共识。地标性建筑不仅仅是外观上的印象和标志,它更重要的是建筑的内涵和底蕴以及建筑本身所象征的一种精神和文化。标志性建筑并不是建出来的,也不是由设计公司设计出来的,而是被公众认出来的。地标性建筑作为城市的代表,有一定的历史阶段性。现在强调多元化,要想成为绝对的地标越来越难,在某一方面具备特色的精品建筑就应该算是地标性建筑。地标性建筑应发挥其独特的区位景观优势,以带动和推进整个城市化建设向前发展。

电梯公司在"地标性"项目运作中对价格、工程管理和售后服务等也应该根据实际情况制定合理的政策和确定优惠幅度。从销售的角度来讲,对地标性建筑的倾斜力度总体应该从该建筑本身的地区影响力和对电梯品牌的推广力方面来考虑。

98. 什么叫贴牌生产?

贴牌生产,又称定牌生产,也叫代工生产,简称 OEM。它是一种输出品牌、技术和管理委托他人代为生产产品的运作,既可以迅速完成本品牌在地区乃至全球范围内的覆盖,又解决了自己建厂周期长、成本高的问题,可降低投资成本和投资风险。中国已成为世界工厂和世界上最大的电梯制造国,在电梯领域外国公司委托中国公司、大公司委托小公司贴牌生产的现象已经发生,今后也许会更加频繁。

99. 销售人员参加电梯博览会应关注哪些信息?

国家和地方的一些大城市每年都要举行不同规格的电梯博览会、展览会、产品发布会等。有条件的销售人员应该参加,因为从中可以获得大量对销售有用的信息。首先是可以从宏观上了解行业动态和竞争焦点;其次是可直观感受国际国内电梯产品的发展趋势,新技术的运用,产品的性能、质量及价格的一般性比较;再就是部件、功能、人梯界面、智能化等方面的创新和改进等。代理商还可以了解品牌卖点和代理厂家的行业地位、竞争性优劣等。所有这些信息都会直接或间接成为电梯销售的有利资源,因此,有选择地参加规格高、规模大的电梯博览会也是电梯销售重要的信息渠道和辅助环节之一。

100. 房地产交易会上哪些信息对电梯销售有价值?

房地产是我国目前支柱性产业之一,也是电梯的最大客户群体和相当一段时期内潜在的增长点。因此,大型的房地产交易会值得电梯销售人员关注。通过参加交易会,可以获得房地产行业状况的信息,具体的楼盘、项目信息,地产商实力、开发思路和经营理念及规划、设计信息,房地产对电梯的品牌、技术、配置、人梯界面以及智能化的要求以及楼价对其在电梯设备投资方面的影响等等相关信息。当然,交易会也是销售人员广交房地产界朋友,争取更多商业机会的平台。因此,房地产交易会是销售人员应该关注的信息渠道之一。